高职院校教师绩效管理实践研究

童丽 张亮 李引霞 ◎著

广东高等教育出版社
Guangdong Higher Education Press
·广州·

内容简介

本书针对高职院校教师绩效管理存在的无法将学校总体目标分解到二级单位，落实到每一位教师，以及无法自下而上形成"教师成果—二级单位绩效—学校目标"的目标反馈方式等问题，通过政策文件、文献研究、院校实践、访谈等材料分析，挖掘高职院校绩效管理的现状；通过各类绩效管理理论工具的比较分析，讨论确定适合高职院校二级学院教师的绩效管理工具；通过高职院校二级学院的绩效管理行动探索，构建科学的教师绩效管理体系。

本书呈现出"绩效目标制定—绩效指导—绩效考核—绩效面谈—绩效结果应用"的绩效管理水平提升体系框架，希望能给高职院校二级学院的绩效目标分解提供参考借鉴。

图书在版编目（CIP）数据

高职院校教师绩效管理实践研究/童丽，张亮，李引霞著. —广州：广东高等教育出版社，2021.12
ISBN 978-7-5361-7204-3

Ⅰ.①高… Ⅱ.①童… ②张… ③李… Ⅲ.①高等职业教育-教师-工资管理-研究-中国 Ⅳ.①G718.5

中国版本图书馆 CIP 数据核字（2021）第 277420 号

GAOZHI YUANXIAO JIAOSHI JIXIAO GUANLI SHIJIAN YANJIU

出版发行	广东高等教育出版社
	地址：广州市天河区林和西横路
	邮政编码：510500　电话：（020）87554152　87551163
	http://www.gdgjs.com.cn
印　刷	广州小明数码快印有限公司
开　本	787毫米×1 092毫米　1/16
印　张	11.5
字　数	219千
版　次	2021年12月第1版
印　次	2021年12月第1次印刷
定　价	39.00元

前　言

教师的能力、效率、发展直接影响人才的培养质量，而影响教师能力、效率、发展的因素除了教师本身的主观能动之外，还有一个直接的"动力中枢"，那就是绩效管理。

2010年之后，从中央到地方，诸多关于高等职业教育的政策文件，都特别提及了教师的绩效管理或绩效评价问题，在政策指引层面，显然已经比较到位。然而，在实际实施过程中，各高职院校落实情况却参差不齐，有些院校教师绩效管理形同虚设，有些院校直接将年度考核与绩效考核画等号，有些院校绩效管理体系无法发挥有效作用。总体来说，目前绝大部分高职院校的教师绩效管理存在一些问题，这些问题值得深入研究推敲，而构建相对科学合理、具有可操作性的教师绩效管理体系，对于建设现代化、高水平高职院校具有重要的意义。

本书通过政策文件、文献研究、院校实践、访谈等材料分析，挖掘高职院校绩效管理现状；通过各类绩效管理理论工具的比较分析，讨论确定适合高职院校二级学院教师的绩效管理工具；通过高职院校二级学院的绩效管理行动探索，构建科学的教师绩效管理体系（以哪些指标作为评价体系的核心指标，绩效反馈的方式途径如何，绩效管理的过程如何有效监控等）。本书呈现出"绩效目标制定—绩效指导—绩效考核—绩效面谈—绩效结果应用"的绩效管理水平提升体系框架，重点放在高职院校二级学院绩效目标分解制定层面。

全书共有4章及3个附录。第一章讲述高职院校教师绩效管理的研究背景、研究目的、研究设计思路、研究方法及预期价值；第二章主要介绍绩效管理的理论工具，从以目标管理为核心、以关键绩效指标为核心、以 OKR 管理法为核心、以 360 度考核法为核心、以平衡计分卡为核心等 5 个方面来探讨各类绩效管理工具的内涵、实施流程、利弊分析、实施注意事项等；第三章从高职院校教师绩效管理问题、文献研究、教师及相关人员访谈等方面来进行高职院校教师绩效管理的现状分析；第四章以某高职院校某二级学院为个案，探索教师绩效管理的实施行动，主要从绩效管理行动总则、绩效管理参与者的角色及责任、绩效管理工具重塑、绩效管理流程、绩效考核表格的应用说明等方面来做行动探索。3 个附录涵盖院校的绩效管理制度、访谈样本记录及教师绩效管理表单。本书由童丽、张亮共同完成第一章、第三章及附录部分的写作，童丽完成第四章的写作，李引霞完成第二章的写作。在本书编写过程中，得到课题组的支持与协助。本书属于课题组研究的阶段性成果，感谢课题组广东省哲学社会科学"十二五"规划项目"行为工程视角下的高职教师绩效水平提升行动研究"（编号：GD15XGL31）、广东省教育厅青年创新人才类项目"中国特色高水平高职院校建设目标下的教师绩效评价体系研究"（编号：2019GWQNCX086）、广州市教育科学规划 2019 年度课题"中国特色高水平高职院校建设目标下的教师绩效评价体系研究——以广州市属高职院校为例"（编号：201911933）、广东省普通高校人文社科项目（创新团队项目）"标准化建设高职商科'双师型'队伍创新团队"（编号：2021WCXTD029）前期研究工作的付出。

绩效管理行动探索依院校所处环境变化或自身发展阶段不同而在行动上有所变化，本书力求从科学研究中提炼出方法论层面的内容，并尽可能考虑到动态变化的需求，但能力所限，加之客观变化使然，书中分享的内容肯定有不适之处，甚至可能出现偏误，权作引玉之砖，编写团队诚挚接受诸位的批评与指正。

编　者
2021 年 6 月

目 录

第一章 导 论 ... 1
一、教师绩效管理的研究背景 ... 2
二、教师绩效管理的研究目的 ... 6
三、教师绩效管理的设计思路 ... 8
四、教师绩效管理的研究方法 ... 12
五、教师绩效管理的预期价值 ... 13

第二章 绩效管理的理论工具 ... 15
一、以目标管理为核心的绩效管理理论 ... 15
二、以关键绩效指标（KPI）为核心的绩效管理理论 ... 23
三、以 OKR 管理法为核心的绩效管理理论 ... 29
四、以 360 度考核法为核心的绩效管理理论 ... 39
五、以平衡计分卡为核心的绩效管理理论 ... 48

第三章 高职院校教师绩效管理的现状分析 ... 66
一、院校现状 ... 66
二、文献研究 ... 71
三、访谈发现 ... 74

第四章 高职院校二级学院教师绩效管理的行动探索 ········· 81
    一、绩效管理适用对象 ······································· 81
    二、绩效管理行动总则 ······································· 82
    三、绩效管理参与者的角色和责任 ······················· 86
    四、绩效管理工具在教师绩效管理中的应用 ············ 89
    五、绩效管理流程 ·· 107
    六、绩效考核表格的应用说明 ····························· 119

附录一 院校绩效管理制度 ·································· 125
    A 学院教职工绩效考核实施办法 ························· 125
    B 学院教师教学工作业绩考核办法（修订） ············ 131
    A 学院教师工作量管理办法（试行） ···················· 138
    A 学院绩效考核奖实施办法 ······························· 145

附录二 访谈记录示例 ······································· 148
    访谈代表 A 类 ·· 148
    访谈代表 B 类 ·· 151
    访谈代表 C 类 ·· 155

附录三 教师绩效管理表 ···································· 159
    绩效管理表 1（二级学院管理者用） ···················· 159
    绩效管理表 2（专业负责人用） ·························· 163
    绩效管理表 3（骨干教师用） ····························· 166
    绩效管理表 4（新进教师用） ····························· 173

参考文献 ·· 177

第一章 导 论

高等职业教育是高等教育的重要组成部分，其为我国经济社会发展提供了有力的技能型人才和智力支撑。改革开放以来，随着高等职业教育的不断发展，我国的现代职业教育体系框架已全面建成，服务经济社会发展能力和社会吸引力也不断增强，各行各业对技术技能人才的需求越来越紧迫，高等职业教育的重要地位和作用越来越凸显。但是，我国高等职业教育还存在着体系建设不够完善、制度标准不够健全、办学和人才培养质量水平参差不齐等问题，其中，教师绩效管理体系的构建问题便是其中之一。

教育大计，教师为本。教师是人才教育培养环节中的重中之重。教师的能力、效率、发展直接影响人才的培养质量，而影响教师能力、效率、发展的因素除了教师本身的主观能动性，还有一个直接的"动力中枢"，那就是绩效管理。

早在2010年，《国家中长期教育改革和发展规划纲要（2010—2020年）》就提出"要完善目标管理和绩效管理机制"，教育主管部门要求全国高等院校逐步推进分配制度改革，实施绩效管理，这当然也包括高等职业院校。事实上，2010年之后，从中央到地方，诸多关于高等职业教育的政策文件都提及了教师的绩效管理或绩效评价问题，在政策指引层面，显然已经比较到位。

然而，在实际实施过程中，各高职院校落实情况参差不齐，有些院校教师绩效管理形同虚设，有些院校直接将年度考核与绩效考核画等号，有些院校绩效管理体系无法发挥有效作用。总体来说，目前绝大部分高职院校的教师绩效管理存在一些问题，这些问题值得深入研究推敲，而构建相对科学合理、具有可操作性的教师绩效管理体系，对于建设现代化、高水平高职院校具有重要的意义。

一、教师绩效管理的研究背景

（一）政策背景

1. 国家层面政策

党的十八大以来，国家一直在不断深化高等教育领域综合改革，破除束缚高校教师发展的体制机制障碍，频频出台改革政策。在人才评价方面，特别是高校教师考核评价改革，国家和党中央给予了高度重视。

2016年3月，中共中央印发的《关于深化人才发展体制机制改革的意见》明确提出，创新人才评价机制，突出品德、能力和业绩评价，改进人才评价考核方式。

2016年8月25日，教育部印发《关于深化高校教师考核评价制度改革的指导意见》。这是国家层面第一次对深化教师考核评价制度专项改革，出台宏观指导意见。意见明确指出，将教师考核评价作为高等教育综合改革的重要内容；完善教师考核评价制度是当前和今后一段时间深化高等教育综合改革的紧迫任务；各高校要从自身发展阶段和办学特色出发，探索建立科学合理的考核评价体系；要坚持全面考核与突出重点相结合、坚持分类指导与分层次考核评价相结合、坚持发展性评价与奖惩性评价相结合。

2018年1月20日，中共中央、国务院印发《关于全面深化新时代教师队伍建设改革的意见》，意见强调深化教师管理综合改革，切实理顺体制机制，完善职业院校教师考核评价制度。

2019年2月，中共中央、国务院印发《中国教育现代化2035》，聚焦教育发展的突出问题和薄弱环节，立足当前，着眼长远，重点部署了面向教育现代化的战略任务，其中包括健全教师职称、岗位和考核评价制度。

2019年2月，中共中央办公厅、国务院办公厅印发《加快推进教育现代化实施方案（2018—2022年）》，方案指出要全面加强新时代教师队伍建设，深化教师管理制度改革。

2019年3月，教育部、财政部印发《关于实施中国特色高水平高职学校和专业建设计划的意见》，该意见是新时期国家层面对高职学校建设提出的"双高"建设计划，其中明确提出要创新教师评价机制，建立以业绩贡献和能力水平为导向、以目标管理和目标考核为重点的绩效工资动态调整机制，实现多劳多得、优绩优酬。

2020年10月，中共中央、国务院印发《深化新时代教育评价改革总体方案》，方案指出改革教师评价，推进践行教书育人使命，重点提及改进高校教师的科研评价，根据不同学科、不同岗位特点，坚持分类评价，推行代表性成果评价，探索长周期评价，完善同行专家评议机制，注重个人评价与团队评价相结合。

2020年12月，教育部等六部门印发《关于加强新时代高校教师队伍建设改革的指导意见》，明确了新时代高校教师队伍改革一系列方向性、根本性、具体性问题。意见指出：要深化高校教师考核评价制度改革；突出质量导向，注重凭能力、实绩和贡献评价教师，坚决扭转轻教学、轻育人等倾向，克服唯论文、唯帽子、唯职称、唯学历、唯奖项（"五唯"）等弊病；合理设置考核评价周期，探索长周期评价；注重个体评价与团队评价相结合；建立考核评价结果分级反馈机制；建立院校评估、本科教学评估、学科评估和教师评价政策联动机制，优化、调整制约和影响教师考核评价政策落实的评价指标。另外，意见还强调高校要完善绩效考核办法和绩效考核体系。

2. 地方政府政策

在国家层面宏观政策的主导下，地方政府结合地方实际，也在陆续出台相关贯彻实施意见。

2018年8月，中共广东省委、广东省人民政府印发《关于全面深化新时代教师队伍建设改革的实施意见》，意见指出健全职业院校教师管理制度，完善职业院校教师考核评价制度。

2019年4月，山东省政府办公厅印发《关于推进新时代山东高等教育高质量发展的若干意见》，意见指出改革教师评价体系，大力破除"五唯"，强化教育教学业绩考核，引导教师潜心教书育人。

2020年7月，江苏省教育厅印发《江苏省职业教育质量提升行动计划（2020—2022年）》，计划指出要完善教师评价激励办法，完善教师考评制度，建立充分体现教学实绩、技能水平和专业教学能力的"双师型"教师考核评价机制。

2021年1月，广东省教育厅等四部门印发《广东省深化新时代职业教育"双师型"教师队伍建设改革实施意见》。意见指出：要深化教师考核评价制度改革，将"双师"素质纳入教师考核评价体系；将师德师风、工匠精神、技术技能和教育教学实绩作为教师考核评价的主要依据；完善考核评价的正确导向，强化考评结果运用和激励作用；建立职业院校、行业企业、培训评价组织多元参与的"双师型"教师评价考核体系。

（二）现状背景

通过对部分高职院校的走访考察及文献查阅，我们发现：高职院校对教师的管理，目前在档案管理、人员招聘与调配、职务职称变动、工资调整、培训等方面日渐成熟，对教师的绩效水平提升开始普遍重视，但成效仍有较大差距。集中体现在以下几个方面：

1. 普遍缺乏学校顶层设计的支撑

大多数院校并未将教师绩效管理纳入学校发展战略，缺乏顶层设计的宏观指导，二级单位便无法自编体系，教师也就无法寻求到与学校发展的契合点。这样无法自上而下形成"顶层设计—中层保障—基层执行"的目标分解方式，无法将学校总体目标分解到二级单位，继而再落实到每一位教师，也无法自下而上形成"教师成果—二级单位绩效—学校目标"的目标反馈方式。所以，在逻辑层面上存在脱节，无法实现教师自我实现与学校发展战略的命运共同体。

通过走访考察及文献查阅，我们发现：在高职院校中，学校的顶层设计中很少有涉及教师绩效管理的。究其原因，一些院校认为教师绩效管理不会影响到学校的战略发展，不能给予足够的重视；还有一些院校认识到了教师绩效管理的重要性，但苦于无法建立合理有效的绩效管理体系，最终也选择将其放入"模糊地带"。顶层设计的缺失现象较为普遍。

2. 没有明确的绩效目标或绩效计划设定概念

绩效目标的设定是绩效管理过程的起点，绩效目标设定或者说绩效计划制定是教师与所在部门领导经过充分的沟通，为了实现部门发展目标，结合教师个人的职业生涯发展目标，明确教师在绩效周期内应该做的系列事情以及各类事项在绩效周期内将达成的目标状态。绩效目标的设定是一项前瞻性的工作，它能帮助教师认清发展方向，明确奋斗目标，关键是能促进个人与部门的共同发展。

通过走访考察及文献查阅，我们发现：在高职院校中，教师每学年明确的目标是按计划完成教学工作量，因此大部分教师在没有压力和动力的"牵引"下，日复一日围着教学工作量转，个人拿不出成绩，帮助不了部门的发展，陷入"止步不前"的境地。

3. 教师绩效评价和管理的主流方式是年末填写工作总结表

绩效考评指依据设定的绩效目标，使用适合的考评方法，对员工的工作绩效进行评价。绩效考评是判断员工是否达到绩效要求的核心环节。

通过走访考察及文献查阅，我们发现：目前大部分高职院校绩效考评一般安排在年末，大多与年度考核混在一起，其实并非真正意义上的绩效评价，多数采用工作总结表、年末考核表的形式完成，考核基本呈现如下现象。

（1）考核内容：德、能、勤、绩、廉。

（2）考核方式：教师自评结合主管领导意见，主观意识强，容易挫伤积极性。

（3）考评等级：一般分为优秀、合格、基本合格、不合格4个等级。

（4）教师反馈：优秀轮流来，"大锅饭"，一团和气。

（5）考评应用：年末多一个考核优秀奖励。

4. 教师绩效水平提升方向单一

高职院校凸显出课程评价严谨，但对于教师绩效水平提升的方向仅有职称，这样就出现两极分化：对职称没有内在动机的，找不到方向；对职称内在动机明确的，就围着职称评定转，而不管部门发展目标。

高职院校非常重视对教师课程教学的考核，往往结合学生、同事、督导、校外企业专家等多方面的评价，综合反映教师的教学质量。但严谨的教学质量考核，归属院校教务部门管理，考核结果反映在教学质量排名以及教学质量优秀奖的评比环节。源于院校各职能部门的独立管理意识，往往归属人事部门管理的绩效考评工作，却未整合教务部门教学评价结果，导致严谨的考核结果不能很好地反映在绩效考评中。教师绩效评价是一种行为，也是一种思想，更是一种行为和思想的引领。评价体系设计的路径、方向决定了教师行为，同时也会影响高职院校发展的方向和重点。

5. 没有建立完善的绩效指标体系

相当多的学校并未真正实行绩效管理与评价，而且评价体系往往只关注考核结果，并未将评价过程、考核管理等作为一个科学管理的体系来实施，存在绩效评价体系指标设计不合理等问题。

对于高职院校的发展而言，首先我们要知道教师的哪些能力是关键、核心能力，是师德、学生培养、课程建设、专业建设、科研能力、社会服务能力、自身学习发展能力或是其他；其次我们要清楚，在这些有助院校发展和教师个人发展的核心能力中，他们的重要程度分别如何；最后我们要能清晰界定这些核心能力。只有以上三方面的问题明确了，我们才能建立符合高职院校长远发展及教师个人发展的绩效指标体系。

目前高职院校的教师绩效管理基本没有突破，遵照传统的教师考评：德、能、勤、绩、廉，由教师任意挑拣对自己有利的材料进行自我评价，由主管领导按照个人主观判断进行评判，这样同事之间缺乏统一的衡量标准，谁会总结材料，谁跟领导亲近，谁的资历老，甚至谁一直都没轮到……这个优秀就有可能归属谁。这种考核容易造成怨声载道，让教师质疑领导的公正及客观，同时也给领导带来工作的困难。①

从当前高职院校的管理现状看，教师的绩效水平提升在组织环境支持方面是普遍比较薄弱的。事业单位绩效改革的大环境中，已有部分本科院校"率先动"，而我们大部分高职院校绩效管理意识缺失，同时教师的工作主动性、积极性也欠缺，这样若不从组织环境支持层面下手提升教师绩效水平，高职院校的发展会陷入困境。有了行为工程模型，我们就知晓教师绩效水平提升的主要方向：改善教师的工作环境而非教师本身。高职院校要提升教师个人绩效，从而实现组织目标，那么二级学院、组织人事部门，就可以自行审视一下绩效提升的环境支持体系如何，如何搭建教师绩效水平提升行动体系。

总之，在教育现代化发展的新时期、新背景下，高职院校的现代化发展需要绩效管理体系的支持，亟须对高职院校的教师绩效评价过程进行体系重建，建立科学、合理、可操作性强，同时符合经济社会发展、适应高职院校特点、与高职院校建设目标相耦合的教师绩效评价体系，从而有效助推高职院校的内涵发展和可持续发展。

二、教师绩效管理的研究目的

托马斯·吉尔伯特（Thomas F. Gilbert）被誉为绩效改进之父，他提出的"行为工程模型"（Behavior Engineering Model）提供了多角度诊断绩效问题的方案，为绩效改进奠定了重要的理论基础。吉尔伯特主张：通过单一地改变环境支持因素，就可以提升组织绩效。而传统的组织管理者或从事人力资源工作的专家往往持不一样的观点，他们主张：需要改变的是个人，而不是去"修正"环境。

其实上述论断之争就是客观和主观之争，但是从哲学的辩证统一的思想来看，促进事物的发展，往往既有主观因素的努力，也离不开客观因素的支撑。正如教师的绩效管理这一命题，真正实现绩效改进需要客观环境、政策等外部力量，同样也离不开教师自身发展的内在动力。

吉尔伯特的观点：组织发展中员工的表现，其绩效水平不尽如人意（更准确地说不尽如组织领导意），并非是人的知识、能力、动机起了负面影响，最大的阻挠来自于组织层面，组织环境中缺乏绩效支持因素。吉尔伯特甚至

---

① 童丽. 高职院校教师绩效管理水平提升行动研究 [J]. 教育与职业，2016（2）：66－69.

认为：在组织发展中，支持绩效表现的环境因素一旦被员工感知、被认可，那么员工的绩效表现就会出人意料；相反，当这些环境支持因素缺乏，即使组织花再多的钱用于员工培训，认为通过培训增进其能力训练、知识体系，员工培训也难以转化落地，难以形成真正的绩效。

当然，本书会偏重于如何通过组织改变、环境改变来有效改进绩效，希望能通过客观环境因素的修正来促进教师真正提升自身的绩效水平，从而促进组织绩效的提升，实现组织目标。

（一）三大层面分析研究目的

根据对象的不同，我们把教师绩效管理分为三个层面来分析研究目的。

1. 战略层面

战略层面主要是以学校为主体进行的考量。本书研究实施的绩效管理，可通过对学校战略目标进行层层分解，把学校整体的绩效指标和行动计划落实到教师的个人层面，从而把教师的日常工作学习与学校战略目标连接在一起，当教师绩效达标时，学校的发展绩效也能够自然而然地达成。

2. 管理层面

管理层面主要是以具体的管理主体二级单位进行考量。本书通过构建合理有效且具有可操作性的绩效管理体系以及教师评价体系，便于二级单位对教师的直接管理，在教师的课程安排、科研工作安排以及社会服务安排等方面，主动性更强，从而提升管理效率，形成较强的发展凝聚力。

3. 发展层面

发展层面主要就教师个人而言进行考量。通过构建绩效管理体系，促进教师形成向上的动力，约束教师的行为。绩效考核的结果以及绩效反馈体系的闭环操作，能够使教师不断地对自己查缺补漏，从而帮助教师实现个人的成长发展，同时也能帮助学校实现人力资本的增值，为学校的可持续发展奠定基础。

（二）四项内容实现研究目的

通过绩效管理体系构建、管理参与者定位、绩效管理工具重塑、关联绩效结果等四项内容对教师的绩效管理进行全面系统梳理，以四项研究内容为着力点，来实现研究目的。

1. 通过研究，构建科学的教师绩效管理体系

绩效管理体系的构建是否科学，关乎绩效管理的成败，这也是本书研究的核心内容。以哪一种科学理论为依据，以怎样的逻辑联系形成管理体系的

闭环，以哪些指标作为评价体系的核心指标，绩效反馈的方式途径如何，绩效管理的过程如何有效监控……这些都是绩效管理体系构建过程中的重点难点，也决定了绩效管理体系的真正价值。

2. 通过研究，厘清绩效管理参与者的角色和责任

绩效管理的正常有效运转，离不开各个参与者的分工合作。学校、二级单位、职能部门、教研室、校领导、院领导、中层干部、教研室主任、科研团队、教师……这些参与者的角色定位以及在绩效管理运行中的具体责任，需要通过研究进行厘清。

3. 通过研究，重塑教师绩效管理工具

以哪种工具作为教师绩效管理的主要工具，也是本书研究的一个重点方向。目前，高职院校绩效管理、绩效评价使用的主流工具是哪种，这种工具存在的优缺点如何，如何在众多绩效管理工具中选择或重塑最适合高职院校、适合教师群体的工具，是我们研究的目标之一。

4. 通过研究，合理关联绩效结果的应用，提升教师积极性

绩效评价结果的效应，最主要的即绩效薪酬的分配。如何综合考虑薪酬体系的外部公平（学校与企业行业之间）与内部公平（学校内部的分配方式）、纵向公平（不同职称层次）与横向公平（相同职称不同学科或不同时间的个人薪酬），结合绩效评价考核结果，建立动态薪酬数据库，逐步构建具有竞争力和正向引导性的动态薪酬体系，我们将在后面的内容中进行介绍。

三、教师绩效管理的设计思路

本书中我们将通过文献调查、访谈以及工作设计，了解行为工程视角下的教师绩效水平提升环境支持体系；通过案例研究法，从组织绩效管理的角度，探讨高职院校如何提升教师绩效管理水平。

（一）研究基本步骤

本研究按照发现问题、分析问题、解决问题的基本思路，从以下四个步骤展开研究。

1. 高职院校教师绩效水平现状研究

运用文献资料查阅法、访谈法，更全面地了解高职院校教师绩效水平现状。

2. 基于行为工程模型，对高职院校教师绩效水平提升可享的环境支持现状进行调研

本步骤采取量表法或访谈法，抽取 30 家高职院校作为样本调研对象，对行为工程模型中的影响教师绩效水平的环境层面因素（包括数据和信息，资源、工具和环境信息，激励和后果三大类）进行现状调研。

3. 从组织环境支持的角度，从绩效目标制定到绩效结果应用，系统建立教师绩效管理水平提升体系

提升高职教师绩效管理水平，不是目前简单、单一的课程评价，也不是德、能、勤、绩、廉，跟组织发展目标联系不紧密的定性考核，而是需要教师个人的发展与院校、二级学院的发展、目标实现协同起来，搭建一个完善的系统，呈现出流程性的行动方案（见图 1-1），才能促进高职教师绩效水平的提升。

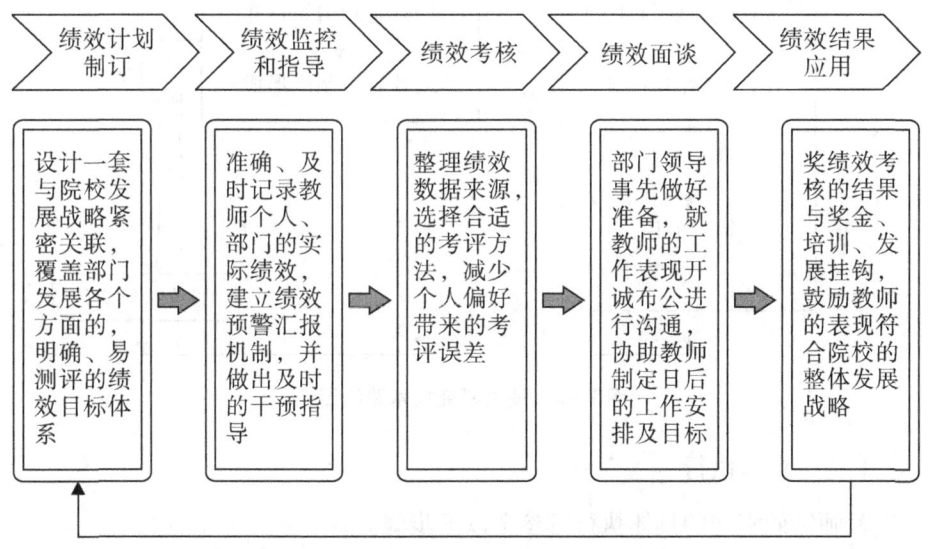

图 1-1　绩效管理水平提升体系框架图

4. 教师绩效管理水平提升过程中，梳理需注意的操作要点

在这个环节中运用个案研究方法，将操作过程中的某些关键问题拿出"落地型"解决方案，可以形成管理表单。如绩效标准如何确定；就绩效目标达成共识，如何订立绩效合同；绩效面谈，如何化解冲突；绩效结果如何体现绩效回报。

具体思路及方法详见图 1-2。

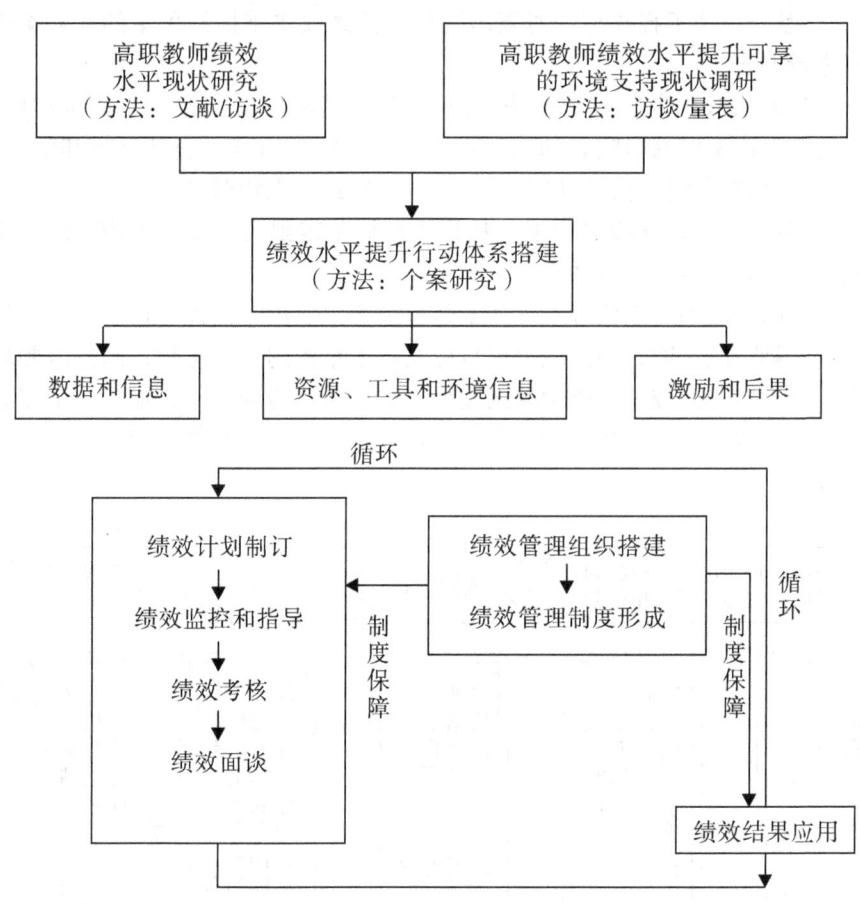

图1-2 项目研究技术路线图

(二) 具体执行

教师绩效管理的具体执行可参考以下步骤。

第一,运用文献资料查阅法,更全面地了解高职院校教师绩效水平现状。

第二,运用结构化访谈,基于行为工程模型,调研店长职教集团内来自全国各地的15所高职院校教师代表,对高职教师绩效水平提升可享的环境支持现状进行调研。

第三,运用个案研究,从组织环境支持的角度,搭建教师绩效水平提升体系,探索行动路径及某些环节的关键操作要点。

(三) 设计依据

(1) 高职院校教师绩效管理是教师实现价值的管理系统。这套管理系统应有运行机制、流程、需要组织环境支持，教师高效地体现自身价值的同时，能使这些价值转化为学生受益、教师成长、二级学院、学校发展，这是高职院校教师绩效管理的核心所在。

(2) 传统的组织管理者或从事人力资源工作的专家往往主张：想要提升绩效，需要改变的是个人，而不是去"修正"环境。基于行为工程模型，本项目认为高职教师的绩效水平提升关键需要改善环境支持因素。

(3) 对于高职院校的发展而言，首先我们要清楚：到底哪些能力是教师的关键、核心能力？其次我们要清楚：在这些有助院校发展和教师个人发展的核心能力中，他们的重要程度分别如何？厘清这两个问题，帮助我们在本研究中确定，教师绩效可以从以下方面来综合界定：师德、学生培养、课程建设、专业建设、科研能力、社会服务能力等。

(4) 吉尔伯特认为：在组织发展中，支持绩效表现的环境因素一旦被员工感知，被认可，那么员工的绩效表现就会出人意料；相反，当这些环境支持因素缺乏，即使组织花再多的钱用于员工培训，认为通过培训可以增进员工能力训练、知识体系，员工的绩效水平也难以真正提升。在本研究中，吉尔伯特主张的环境支持因素，我们将他分解为三个层面：环境信息——绩效标准/指导/反馈等；环境资源——制度/程序/平台工具等；环境刺激——后果/激励/公平等。

(5) 高职教师绩效水平的提升行动是一项系统化工程，应遵循"理念先行，执行落地，逐步推进"的原则。

(6) 基于行为工程模型，可以参照环境支持因素，搭建高职院校教师的绩效水平提升的循环通道："定目标—监控、指导—考核—面谈—结果应用—下一轮目标设定"。

(7) 制度是非常关键的环境资源，组织制度是规范院校内部治理，进而提升院校发展核心竞争力的保障。为提升教师绩效水平，高职院校可以参照企业人力资源管理工作搭建制度框架，提升院校人力资源管理水平，为教师发展提供平台。高职院校人力资源管理部门应该获得院校高层管理团队的支持，着力研究绩效考核结果应用的相关制度依据。考核不流于形式，才能充分调动教师的工作积极性，才能提升院校的整体绩效。

(8) 绩效管理是一个以业绩效果为导向的动态管理开放体系。组织成员通过沟通协商达成教学、社会服务、科研等各方面绩效目标等基本契约，从而实现组织发展目标。

（9）高职院校所能提供的平台、工具等各类环境资源是教师绩效水平提升的关键支持。比如，为提升教师在学生培养方面的绩效水平，提升学生的职业适应力，就需要从组织环境中找支持，而非单纯强调教师个体的知识、能力、动机的提升及转变。

四、教师绩效管理的研究方法

本书综合运用了文献研究、实证研究、个案研究、经验反思研究等方法。

（一）文献研究

在课题研究的起始阶段和中间阶段，通过文献研究了解国内外高职院校教师绩效管理研究的历史与现状、前人的理论基础、取得的成果，以及有哪些实际运用、有哪些问题尚未解决。

（二）实证研究

本书对15所高职院校进行调研，调研的方式包括问卷调研、深度结构化访谈、座谈、网络调研等。其中深度结构化访谈沿三个层面铺开，分别是：环境信息——绩效标准/指导/反馈等；环境资源——制度/程序/平台工具等；环境刺激——后果/激励/公平等。调研的对象包括一线教师、二级学院管理者、人事处工作人员、学校领导层、合作企业、学生等。通过对不同对象的调研，对调研数据的整理、分析、归纳、总结和提炼，全方位掌握关于教师绩效管理的影响因素，从而为研究成果的真实有效以及可操作性提供保障。本书借鉴行为工程模型，开发出结构化访谈提纲。

（三）个案研究

对广州某高职院校进行详细的个案研究分析。该学校是首批国家示范高职院校，在高职院校中具有一定的代表性。以个案为例，搭建教师绩效管理水平提升体系，充分把控各个操作环节，从个案分析发现并解决教师绩效管理评价的深层次问题，提高成果的说服力。

（四）经验反思研究

对国内外一流高职院校关于教师绩效管理评价的先进经验予以研究，结合高职院校的发展实际，对既得经验进行结构化的重塑，对零散经验加以理论化的概括，基于既有思考进行再思考，充分反思，对某些可行的经验经过研究分析之后，充分地吸取借鉴。在综合运用教育学、管理学、社会学等相关学科理论的基础上，对教师绩效管理评价体系的构建进行多角度的科学分析研究。

五、教师绩效管理的预期价值

教师绩效管理改革，不仅是国家层面的政策指引，更是关乎高等教育领域改革进展的重要环节，影响教育教学质量的重要因素，也关系着社会人才的培养质量问题，本研究具有一定的实践意义和社会意义。

具体来说，教师绩效管理体系的构建方向和构建方式，事关高职院校的发展方向，不容忽视。本研究将会对高职院校的教师绩效评价过程进行体系重建，建立科学、合理、可操作性强，同时符合经济社会发展、适应高职院校特点、与"双高"建设目标相耦合的教师绩效评价体系提供参考，以期解决长期以来困扰高职院校的大问题。

（一）学术价值

第一，针对高职院校教师工作特性，在研究中，我们借鉴田国双的研究方法，构建高职院校教师绩效评价指标体系。

第二，本研究提出：教师绩效水平的提升，靠教师个人动机、知识、能力，明显不符合吉尔伯特的行为工程模型，关键还是得从组织层面下功夫。应从环境信息、环境资源、环境刺激三大方面，探索院校绩效管理该如何进行系统化推进，才能激发教师绩效高水平。

第三，以个案研究的方法，探索行动路径。教师个人的发展要与院校、二级学院的发展、目标实现协同起来，必须搭建一个完善的系统，呈现出流程性的行动方案，促进高职教师绩效水平得以提升。本研究以某高职院校的一个二级学院为例，探索行动路径。

（二）实践意义

高职院校领导层已经充分意识到教师的绩效水平高低直接关系到院校核心竞争力。如何才能激发教师绩效高水平，唯有靠系统化推进绩效管理。高职院校系统化推进绩效管理，可以帮助学校领导层、二级部门领导以及教师本身明确：推行绩效管理，其核心作用是能够将教师的个人职业生涯发展目标与院校发展目标紧密结合在一起，指导教师的努力方向，监控院校发展的战略方向，并支持建立高效执行的、绩效导向的校园文化。绩效管理对组织的核心作用，具体表现在以下几个方面：第一，做好绩效管理工作，能把院校、部门、教师本人的发展目标紧密联系起来。第二，做好绩效管理工作，能帮助教师明确工作努力的方向。帮助教师明确其工作的重心是什么，有利于教师专注领域，致力于对学院、部门绩效最有帮助的工作。第三，做好绩效管理工作，各级领导可以利用及时准确的绩效信息，实时监控绩效状况并做出科学的支持决策。第四，做好绩效管理工作，能为教师激励提供客观依据。明确对什么样的员工进行激励，不同绩效考评结果的人激励程度有何差别。第五，做好绩效管理工作，能建立高效执行的校园文化。强调业绩导向，重视执行成效既是绩效管理的要点，也是现代校园文化建设需注重的核心。

（三）社会影响

在国家层面频频出台宏观政策指引的前提下，在深化教育改革的背景下，高职院校逐步开始重视教师绩效管理。但是，目前高职院校教师绩效管理存在诸多问题，包括缺乏绩效目标或绩效计划设定的概念，绩效考评的主流方式是年末填写工作总结表，对教师的考核凸显课程考核严谨，但与其他考核脱节，没有建立完善的绩效管理评价指标体系。高职院校需要推进绩效管理工作，搭建绩效管理体系，各级管理人员在"定目标—监控、指导—考核—面谈—结果应用—下一轮目标设定"的绩效管理体系中应明确各自职责，教师整体绩效水平方可提升。本研究以个案研究的方式，带着我们探索：如何从组织层面开展变革，在提升教师绩效水平的同时，带动二级学院的整体绩效提升。行动过程中的系列管理表单、操作要点及细节将可以辐射带动其他院系推进绩效管理工作，进而提升教师绩效水平。

第二章 绩效管理的理论工具

绩效管理是指管理者与员工之间就目标与如何实现目标方面达成共识，并在此基础上，管理者通过激励和帮助员工取得优异绩效从而实现组织目标的管理方法。绩效管理的目的在于通过激发员工的工作热情和提高员工的能力和素质，以达到改善公司绩效的效果。高效的绩效管理体系是企业实现绩效管理目标的重要工具。

绩效管理体系是以实现企业最终目标为驱动力，以关键绩效指标和工作目标设定为载体，通过绩效管理的三个环节来实现对全公司各层各类人员工作绩效的客观衡量、及时监督、有效指导、科学奖惩，从而调动全员积极性并发挥各岗位优势以提高公司绩效，实现企业的整体目标的管理体系。企业要构建完整的绩效管理体系，需要融合各种绩效管理工具，如目标管理法、关键绩效指标法、目标与关键成果法、360度考核法、平衡计分卡等。

一、以目标管理为核心的绩效管理理论

（一）目标管理的由来

目标管理（management by objectives，MBO）是20世纪50年代中期出现于美国，以泰罗的科学管理和行为科学理论为基础形成的一套管理制度。被当时管理学界誉为具有划时代意义的管理工具，也被称为20世纪最伟大的管理思想之一。凭借这种制度，可以使组织的成员亲自参加工作目标的制定，实现"自我控制"，并努力完成工作目标。而对于员工的工作成果，由于有明确的目标作为考核标准，从而使组织对员工的评价和奖励做到更客观、更合理，因而可以大大地激励员工为完成组织目标而努力。由于这种管

理制度在美国应用得非常广泛,而且特别适用于对主管人员的管理,所以被称为"管理中的管理"。

1954年,彼得·德鲁克在《管理的实践》一书中,首先提出了"目标管理和自我控制"的主张,并率先在通用电气公司GE实行,取得了巨大成功。之后,他又在此基础上发展了这一主张,德鲁克认为,并不是有了工作才有目标,恰好相反,是有了目标才能确定每个人的工作。所以,"组织的使命和任务,必须化为目标",企业的各级管理人员必须通过这些目标对下级进行领导,以此来达到组织的总目标。如果一个领域没有特定的目标,则这个领域必定被忽视,如果没有方向一致的分目标来指导各级管理人员的工作,则企业规模越大,人员越多时,发生冲突和浪费的可能性就越大。德鲁克的主张在企业界和管理学界产生了极大的影响,对形成和推广目标管理起了巨大的作用。

目标管理的指导思想是以管理心理学中的"Y理论"为基础的,即认为在目标明确的条件下,人们能够对自己负责。其理论依据是心理学与组织行为学中的目标设置理论,它认为,明确、具体的目标能够提高工作绩效,人们一旦接受困难的目标,会比容易的目标带来更高的工作绩效;有反馈比没反馈能够带来更高的工作绩效。德鲁克认为的目标管理是指任何一个组织系统应层层制定目标并强调目标成果的评定,都可以改进组织的工作效率和员工的满意程度。目标管理在组织内部建立了一个相互联系的目标体系,而这种体系把员工有机地组织起来,使集体力量得以发挥,同时目标管理的实行就意味着组织管理民主化、员工管理自我控制化、成果管理目标化。

经典管理理论对目标管理的定义为:目标管理是以目标为导向,以人为中心,以成果为标准,而使组织和个人取得最佳业绩的现代管理方法。具体是指在企业个体员工的积极参与下,自上而下地确定工作目标,并在工作中实行"自我控制",自下而上地保证目标实现的一种管理办法。

(二)目标管理的内容与特点

目标管理体现了现代管理的哲学思想,是领导者与下属之间双向互动的过程。一方面强调完成目标,实现工作成果;另一方面重视人的作用,强调员工自主参与目标的制定、实施、控制、检查和评价。

目标管理的基本思想是指组织的最高领导层根据组织面临的形势和社会需要,制定出一定时期内企业面对未来竞争所要达到的总目标,然后层层落实,要求下属各部门主管人员以及每个员工根据上级制定的目标,分别制定目标和保证措施,形成一个目标体系,并把目标的完成情况作为各部门或个人考评的依据。它的主要内容可以总结为以下方面。

1. 以目标为中心

目标管理强调明确的目标是有效管理的首要前提,并把重点放在目标的实现上,而不是行动的本身。虽然目标管理法属于结果导向型的考评方法之一,以实际产出为基础,考评的重点是员工工作的成效和劳动的结果,但是 MBO 不是用目标来控制,而是用它们来激励下级。

2. 强调系统管理

组织总目标的实现有赖于组织的各个部门目标的实现,总目标和部门目标之间以及部门目标和部门目标之间是相互关联的,强调各级目标的整体性和一致性。

3. 重视人的因素

目标管理是一种参与式的、民主的、自我控制的管理模式,也是一种把个人发展需求与组织目标结合起来的管理方法。只要能使员工发现工作的兴趣和价值,享受工作带来的满足感和成就感,就能最大限度地激励员工,目标管理才能真正地成功。

与传统管理方式相比,德鲁克提出的目标管理主要有以下四个特点:

第一,目标管理强调的是客体,要求管理者要确定明确的目标,也就是说目标先行,更重视目标这个客体的因素。

第二,在实现过程中,德鲁克更强调"参与决策",也就是说上级和下级首先要共同参与选择设定不同层次的目标,在此基础上再谈目标转化。请注意,转化过程既是"自上而下"的,也是"自下而上"的。在个体员工的积极参与下,自上而下地确定工作目标,并在工作中实行"自我控制",自下而上地保证目标实现。

第三,为了实现目标,德鲁克建议管理者规定时限,不鼓励无休止的努力和奋斗,更强调阶段性成果、反馈、激励和复盘。

第四,德鲁克的目标管理还强调评价绩效,希望通过目标管理中的评价机制和绩效反馈,为团队创造一种激励的环境。

(三) 目标管理的实施步骤

MBO 不是用目标来控制,而是用它们来激励下属。MBO 通过一种专门设计的过程使目标具有可操作性,这种过程一级接一级地将目标分解到组织的各个单位。组织的整体目标被转换为每一级组织的具体目标,即从整体组织目标到经营单位目标,再到部门目标,最后到个人目标。在此结构中,某一层的目标与下一级的目标连接在一起,而且对每一位员工而言,MBO 都提供了具体的个人绩效目标。目标管理的实施可以按以下几个步骤进行(目标管理的实施步骤如图 2-1 所示)。

图 2-1　目标管理的实施步骤

1. 确定组织的整体目标和战略

一个组织总目标的确定是目标管理的起点。组织高层管理者根据组织的长远发展规划与组织所处的具体运行环境，制定组织的发展战略和总目标。在这个过程中必须做好充分的准备，可以通过广泛收集各方面资料来进行调查研究，反复论证，从而确保组织发展战略方向明确，目标清晰。总目标要尽可能量化和质化，可被层层分解成阶段目标，并且可评估。

可以评估的目标与不可评估的目标如表 2-1 所示。

表 2-1　可以评估的目标与不可评估的目标

可以评估的目标	不可评估的目标
·在本年末实现利润 15%	·获得较高的利润
·在不增加费用和保持现有质量水平的情况下，本季度的生产率比上季度增长 10%	·提高生产部门的生产率
·产品抽查的不合格率低于 3‰	·保证产品的质量
·主管人员每周花费在与下属人员沟通的时间不少于 2 个小时	·主管人员增加与下属的沟通
·由于技术问题网络中断的次数每季度不超过 1 次，每次能够在 1 小时之内恢复正常	·维持电脑网络系统的稳定性

2. 在经营单位和部门之间分配主要目标

当总目标被分解为阶段目标后，就需要把阶段目标分配到部门，其间高层领导者根据总目标的要求，在分配目标时，既要给下属相应的权限和工作条件，又要给下属一定的指导和监督，以利于下属能够独立自主地完成分配的目标。目标体系层次图如图 2-2 所示。

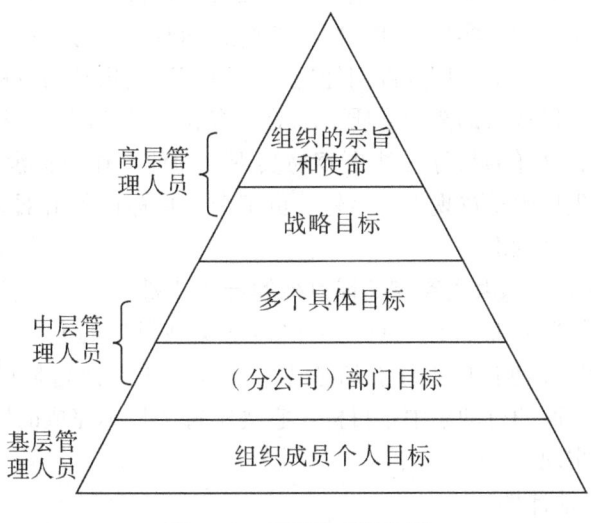

图 2-2　目标体系层次图

3. 恰当地设定本部门的目标

根据上级分配的目标，上级领导要与本部门管理人员一起设定部门的目标，设定的部门目标必须符合"SMART 原则"，即运用 SMART 原则对各种指标进行量化处理，以保证各种指标具有可衡量性。SMART 原则即"具体"（specific）、"可度量"（measurable）、"可实现"（attainable）、"相关"（relevant）、"有时限"（time-bound）。

设定部门目标有恰当与不恰当的情况，具体区分可参考表 2-2。

表 2-2　恰当的目标与不恰当的目标

恰当的目标	不恰当的目标
·以最终结果来表述 ·在确定的时间内可以完成 ·确定目标的完成形式 ·与公司的管理有关，从公司管理的实际出发 ·对公司的成功很重要 ·尽可能地用数量最精确的说明 ·一项陈述只限于一个重要的承诺	·以过程或活动的形式来表述 ·无法完全实现，没有具体的完成目标的期限 ·对期望达到的目标定义得模棱两可 ·理论化或理想化 ·没有真正的结果 ·或者过于简练、不清楚，或者太长、太复杂 ·重复，一项陈述中包含两个或多个承诺 ·缺乏对改进的要求

4. 部门成员参与设定自己的具体目标

在制定目标时，让员工参与进来，增强员工对目标制定的了解度和认同度，这样有利于目标的实现。如在制定招聘目标时，人力资源部经理可以和招聘负责人、招聘专员、用人部门经理一起协商讨论招聘的目标，具体协商出招聘的人数、候选人的能力素质要求等，有利于员工深度了解目标，加深对目标的认同，这样的目标往往更容易实现。即使工作目标没有完全实现，员工也不会出现推脱扯皮现象。另外，员工个人目标也可由下级部门或员工自行提出，由上级批准。

5. 管理者与下级共同商定实现目标的行动计划

健全的计划既包括目标的订立，也包括实施目标的方针、政策以及方法、程序的选择，使各项工作有所依据，循序渐进。计划是目标管理的基础，可以使各方面的行动集中于目标。它规定每个目标完成的期限，否则目标管理就难以实现。

6. 实施行动计划

目标订立后，管理者不是让员工放任自流，而应保持与员工经常性的沟通，及时纠正任何偏离目标的行为。同时，普遍地培养员工参与管理的意识，让员工认识到自己是既定目标下的成员，诱导他们为实现目标积极行动，努力实现自己制定的个人目标，从而实现部门单位目标，进而实现组织的整体目标。

7. 对绩效进行评估并提供反馈

对各级目标的完成情况要事先明确期限和评价标准，定期进行检查、评价、验收目标执行情况，进行结果追踪，并听取员工的反馈，保证目标管理链不出现"卡壳"与"断层"，使目标管理进入下一轮良性循环过程，这是目标管理的关键环节。缺乏考评，目标管理就缺乏反馈过程，目标管理的目的就很难实现。

在整个考核过程中，管理人员需要全程介入、全程监控，时刻与员工进行沟通，将沟通贯穿于绩效考核的始终，主要包括事前、事中和事后沟通。

（1）事前沟通。

事前沟通的主要任务是，做好事前培训、宣传工作，并预设绩效指标。通过培训和宣传，让全员了解绩效考核基本政策、绩效考核方案和内容。事前沟通的内容主要包括以下三部分：①企业的整体目标与部门目标的关系、部门目标与员工目标的关系，以及完成三项目标的先后逻辑关系。②为了达成目标，公司和部门期望员工做什么，怎样做才是正确的，有什么衡量的标准和纠正措施。③目标的完成结果与激励的关系是怎样的。

(2) 事中沟通。

事中沟通对于绩效目标的达成至关重要。这是因为在绩效执行中往往有关键控制点，员工也可能会遇到种种问题，这时上司如果能适时、及时地沟通，指导并帮助员工排忧解难，解决员工遇到的问题，不但能很好地帮助员工克服困难，防止工作出现偏差，促进员工快速成长，也会让员工感觉到领导能与自己同甘共苦，从而更积极地投入工作。

(3) 事后沟通。

事后沟通指考核之后，管理人员通过沟通可以让员工充分了解自己的考核结果，并清楚是自己如何得到这样结果的，明确自己的优势、不足在哪，以及通过何种途径、方法加以改进或提高。在事后沟通前，考核人员要准备充分，详细而深入地了解即将沟通的对象是什么情况。同时，要着重听取员工本人的意见和想法，然后再根据沟通的实际情况对结果进行适当的修改，最后对确定的原因进一步分析，提出最好的解决办法。

另外，需要注意的是，对于完成或超前完成目标任务的员工也要进行分析，例如，是如何顺利完成目标的，采取了什么样的方法，有什么可借鉴的地方。然后将该员工所采取的有效方法和措施在内部进行分享，促使大家共同进步，提高组织工作效率。

绩效沟通贯穿于绩效目标达成的全过程，在对上一阶段绩效改进情况进行沟通的同时，也在对下一阶段的计划进行沟通，是一种循序渐进、缺一不可的闭环沟通方式。

8. 根据目标绩效的完成情况进行奖惩

对于成果评定的结果，不仅应该给予相应的奖励和表彰或者惩罚和降级，还应把个人成果反映到人事考核上，作为晋级、提升或者降级的依据。

(四) 目标管理法的实践评价

1. 目标管理法的优越性评价

(1) 强调组织成员的参与，有利于调动员工积极性。目标管理法强调自我控制和自我调节，将个人利益与组织利益紧密联系起来，因而提高了员工工作的士气。在实施目标管理法的过程中，组织成员不再只是做工作、执行指示、等待指导等被动接受，而是已成为有明确目标的个人，不仅参与目标的制定，而且在实现目标的过程中，可以决定自己如何实现目标。这大大地调动了员工工作的主动性、积极性和创造性，增强了员工的责任心和事业心。

(2) 目标管理具有系统性，有利于组织整体管理水平的提高。

(3) 每个人都有明确的工作目标，使工作绩效的评价更具客观性。

(4) 有利于开展有效的控制。

2. 目标管理法的有效性评价

实际的 MBO 研究计划表明：

（1）如果目标困难到足以使个人发挥出其潜能，则MBO是最有效的。

（2）高层管理的承诺和参与，是MBO发挥其潜能的重要条件。

（3）MBO确实能够有效地提高员工的绩效。

（4）参与设定目标和分派目标与其绩效之间的关系，并不存在一致的相关性。

3．目标管理法的局限性评价

在实际操作中，目标管理也存在许多明显的缺点，主要表现在以下几方面。

（1）目标难以制定。组织内的许多目标难以定量化、具体化。

（2）目标商定可能增加管理成本。目标商定要上下沟通、统一思想是很费时间的；每个单位、个人都关注自身目标的完成，很可能忽略了相互协作和组织目标的实现，助长本位主义、临时观点和急功近利倾向。

（3）有时奖惩不一定都能和目标成果相配合，也很难保证公正性，从而削弱了目标管理的效果。

（4）目标管理法没有在不同部门、不同员工之间设立统一目标，因此难以对员工和不同部门间的工作绩效做横向比较，不能为以后的晋升决策提供依据。

目标管理法的评价标准直接反映员工的工作内容，结果易于观测，所以很少出现评价失误，也适合于对员工提出建议，进行反馈和辅导。由于目标管理的过程是员工共同参与的过程，因此,.员工工作积极性大为提高。

（五）目标管理法实施中应注意的事项

1．让员工进行自我控制

德鲁克认为，员工是愿意将工作做好的，员工愿意为自己的工作承担责任，员工愿意为工作发挥出自己的创造力和聪明才智。管理者对员工的控制不应该是控制员工的工作行为，而是控制员工的工作动机；用"自我控制管理"代替"压制性的管理"，前者管理方法更加有效。

人力资源经理与下属一起制定好工作目标后，就不应该过多地去干涉员工的工作行为。比如，对招聘负责人来讲，招聘渠道应该由他本人选择，招聘的流程和时间安排也应该由他来负责。

2．管理者应下放权力

管理者不敢下放权力的原因是担心对下属的工作失去控制。实际上，如果让下属明确了工作目标，对下属充分信任，让下属进行自我控制，是完全可以向下属放权的。如果管理者能对下属工作情况进行实时的跟踪指导，并能做到合适的事前、事中、事后的反馈沟通，对下属放权并不会失去控制。

3. 目标应具有关联性

组织的部门目标和公司其他工作目标之间存在着千丝万缕的联系，部门各分目标之间也是紧密相接的。在我们制定工作目标时，要充分考虑工作的关联性，要建立"目标是网状的"这个意识。在对下属进行绩效考核时也应注意这个问题。在未完成目标时，要分析是主观原因还是客观原因造成的。

4. 各目标之间注意协调

组织总目标和组织部门目标之间、部门与部门各目标之间也会冲突，或者政策规定存在不配套的情况，当发现这些问题时，管理人员要主动协商，相互协调，直至妥善解决问题为止，保证工作目标的顺利实现。

5. 检查目标的完成情况

当下属完成了全年的工作目标，或者超额完成了工作目标，绩效考核工作都比较好进行。但当下属没有完成工作目标时，对其进行绩效考核时就应慎重，管理人员要注意区分是由于客观原因造成的，还是工作能力不足造成的。如果是客观原因造成的，就不应该将责任完全归结到当事人身上，应该具体问题具体分析，给出客观的评估。

二、以关键绩效指标（KPI）为核心的绩效管理理论

（一）关键绩效指标的内涵与特点

关键绩效指标（key performance indicators，KPI），是通过对组织内部流程的输入端、输出端的关键参数进行设置、取样、计算、分析，衡量流程绩效的一种目标式量化管理指标，是把组织的战略目标分解为可操作的工作目标的工具，是对企业运作过程中关键成功要素的提炼和归纳。组织根据自己的战略目标，建立一套明确的、切实可行的 KPI 体系，是做好绩效管理的关键。关键业绩指标的特点如下：

1. 关键业绩指标是对公司战略目标的分解

首先，作为衡量各职位工作绩效的指标，关键绩效指标所体现的衡量内容最终取决于公司的战略目标。当关键绩效指标成为公司战略目标的支持体系时，它所衡量的职位便以实现公司战略目标的相关部分作为自身的主要职责。关键绩效指标的目标和组织总战略的方向是一致的。

其次，关键业绩指标是对公司战略目标的进一步细化和发展。公司战略目标是长期的、指导性的、概括性的，而各职位的关键绩效指标内容丰富，针对职位而设置，着眼于考核当年的工作绩效，具有可衡量性。因此，关键绩效指标是对真正驱动组织战略目标实现的具体因素的发掘，是组织战略对

每个职位工作绩效要求的具体体现。

最后，关键绩效指标随组织战略目标的发展变化而调整。当组织战略侧重点转移时，关键绩效指标必须予以修正，以反映组织战略新的内容。

2. 关键业绩指标是对绩效可控部分的衡量

关键绩效指标应尽量反映员工工作的直接可控效果，剔除他人或环境造成的其他方面影响。KPI 是对组织重点经营活动的衡量，而不是对所有操作过程的反映。同时每个职位的工作内容涉及不同的方面，高层管理人员的工作任务更复杂，但 KPI 只对其中对公司整体战略目标影响较大的、对战略目标实现起到不可或缺作用的工作进行衡量。

3. KPI 是组织上下认同的

KPI 不是由上级强行确定的，也不是由本职职位自行制定的，它的制定过程由上级与员工共同参与完成，是组织自上而下和自下而上双方共同达成的一致意见。它不是以上压下的工具，而是组织中相关人员对职位工作绩效要求的共同认识。

（二）关键绩效指标的理论基础

关键绩效指标理论来源于意大利经济学家帕累托提出的经济学"二八原理"，即一个组织在价值创造过程中，存在着"80/20"的规律：20%的骨干人员创造企业80%的价值；而且在每一位员工身上也存在着"二八原理"，即80%的工作任务是由20%的关键行为完成的。因此，按照绩效考核的"二八原理"，把考评工作的主要精力放在关键的指标和过程上，把握住这20%的关键指标，对之进行分析和衡量，这样就能抓住绩效考核的重心。KPI 的最大特点是在进行绩效考评时，能够抓住重点，突出中心工作，突出员工的重点工作。

因此，关键绩效指标设计的思想是通过把影响80%工作的20%关键行为进行量化设计，变成可操作性的目标，从而提高绩效考核的效率。关键绩效指标的个数一般控制在5~12个。

（三）确定关键绩效指标应遵循的原则

组织在确定关键绩效指标时，亦需遵循 SMART 原则。其具体内容如下：

(1) S 代表具体（specific），指绩效考核要切中特定的工作指标，具有一定的导向作用，不能笼统。

(2) M 代表可度量（measurable），指绩效指标是数量化或者行为化的，验证这些绩效指标的数据或者信息是可以获得的。

(3) A 代表可实现（attainable），指在付出努力的情况下绩效指标可以实现，避免设立过高或过低的目标。

（4）R代表相关（relevant），是指年度经营目标的设定必须与预算责任单位的职责紧密相关，它是预算管理部门、预算执行部门和公司管理层经过反复分析、研究、协商的结果，必须经过他们的共同认可和承诺。

（5）T代表有时限（time-bound），注重完成绩效指标的特定期限。

（四）提取关键绩效指标的基本方法

如何才能精准设定有效的关键绩效指标呢？提取关键绩效指标的基本方法如图2-3所示。目前最常用的方法是目标分解法和鱼骨图分析法。

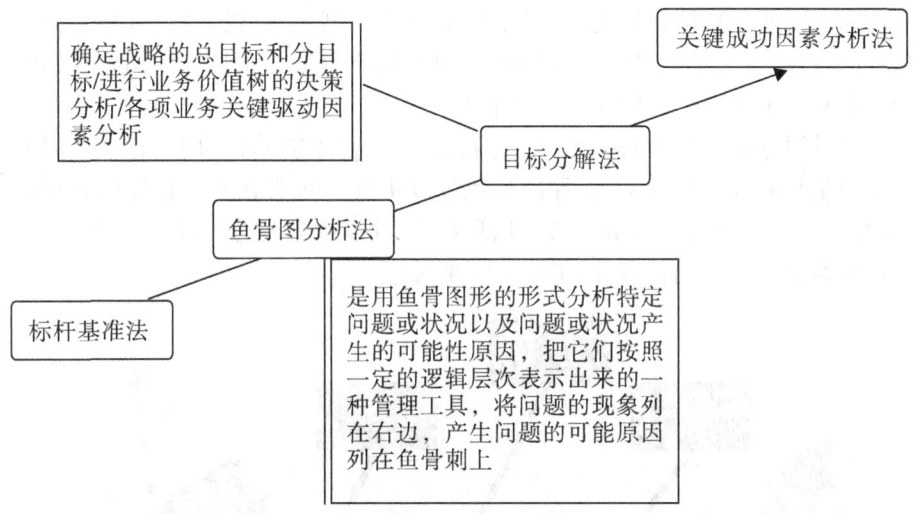

图2-3 关键绩效指标的提取方法

1. 标杆基准法

标杆基准法是通过分析组织的关键绩效行为与行业领先企业的关键绩效行为之间存在的差距，从而建立关键绩效考核指标。采用标杆基准法提取关键绩效考核指标时，标杆企业的选择是非常重要的环节，而基准企业的选择范围包含三类：居于行业领先地位的优秀企业，居于国内领先地位的优秀企业，居于世界领先地位的优秀企业。

2. 目标分解法

目标分解法是指通过对组织战略目标的层层分解，明确组织业务活动中重点内容与关键影响因素，从而提取出关键考核指标的方法。具体步骤如下：

（1）确定组织战略总目标，通过对组织目标的分解，明确不同阶段的工作目标。

(2) 通过对各目标进行价值决策分析,确定业务工作的重点。

(3) 通过比对实现业务目标的各要素,确定关键驱动的主要因素。

3. 关键成功因素分析法

运用该方法建立 KPI,首先要分析完成该目标有哪些关键的影响因素;然后选出其中最关键的若干因素;再针对这些影响因素的衡量指标,将其分解为可量化、可计算的关键绩效指标。

4. 鱼骨图分析法

鱼骨图是由日本管理大师石川馨先生所发明出来的,又名石川图。鱼骨图分析法又名因果分析法,是一种发现问题"根本原因"的分析方法。该理论认为,问题的特性总是受到一些因素的影响,找出这些因素,并将它们与特性值放在一起,然后按相互关联性整理成层次分明、条理清楚的特性要因图,将有助于透过现象发现问题的本质。

鱼骨图分析法分为问题型鱼骨分析法(各要素与特性之间不存在原因关系,而是与结构构成关系)、原因型鱼骨分析法(鱼头在右,特性值通常以"为什么……"来写)(如图 2-4 所示)、对策型鱼骨分析法(鱼头在左,特性值通常以"如何提高/改善……"来写)。

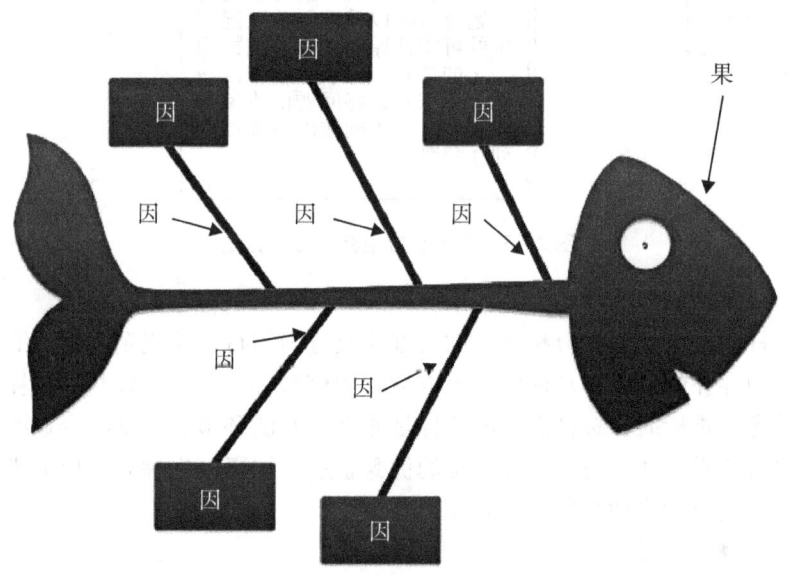

图 2-4 鱼骨图分析法框架

运用鱼骨图分析法,建立关键绩效指标体系,其主要流程有:

(1) 确定部门/个人的业务重点。根据职责分工,确定哪些个体因素或组织因素与公司整体利益是相关的、相互影响的。

（2）确定业务标准。根据岗位的职责标准，定义成功的关键因素。

（3）确定关键绩效指标。确定关键绩效指标、绩效标准与实际因素的关系。

（4）关键绩效指标的分解。将公司级的关键绩效指标逐步分解到部门，再由部门分解到各个职位，依次采用层层分解、互为支持的方法，用定量或定性的方式确定各部门、各职位的关键业绩指标。

（五）关键绩效指标体系的建立流程

在关键指标的提取中，要做到在各层面从纵向进行战略目标分解、横向结合业务流程进行"十"字提取。关键绩效指标考核法的操作流程如图2-5所示。

图2-5 关键绩效指标考核法的操作流程

1. 明确组织总体战略目标

根据组织的战略方向，从增加利润、提升盈利能力、提高员工素质等角度分别确定组织的战略重点，并运用关键绩效指标的设计方法进行分析，从而明确组织总体战略目标。如图2-6所示。

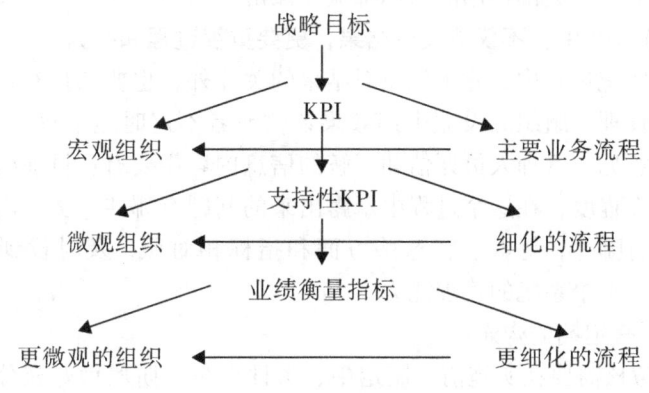

图2-6 明确组织总体战略目标框架

2. 确定组织的战略子目标

将组织的总体战略目标按照内部的某些主要业务流程分解为几项主要的支持性子目标。

3. 内部流程的整合与分析

以内部流程整合为基础的关键绩效指标设计，将使员工知道自己的指标和职责是为哪一个流程服务的，对其他部门乃至企业的整体运作会产生什么样的影响。所以说，要进行关键绩效指标细化的前提是进行内部流程整合与分析。

4. 部门级关键绩效指标的提取

通过对组织架构与部门职能的理解，对企业战略子目标进行分解。在分解的同时要注意根据各个部门的职能对分解的指标进行调整补充，并兼顾其与部门分管上级的指标关联度。

5. 形成关键绩效指标体系

根据部门关键绩效指标、业务流程以及各岗位的工作说明书，对部门目标进行分解。根据岗位职责对个人关键绩效指标进行修正与补充，建立组织目标、流程、职能与职位相统一的关键绩效指标体系。

（六）使用 KPI 应注意的事项

1. 设定的指标应符合 SMART 原则

组织的管理者要尽量使设定的指标是具体（细化）、可度量、可实现、相关、有时限的，这五个原则是一个有效的关键绩效指标应该具有的特征。需要注意的是，很多观点将这五个原则作为指标选取的唯一标准，即指标只要不符合其中的一条就应该删掉。但这实际上是不恰当的，决定一个绩效指标是否留在考核指标体系内的根本标准在于是否是"关键"，只要是能够对战略目标完成起到关键作用的指标都应该保留。

2. 实施 KPI 中，不仅要关注结果，更要重视过程和行为

在 KPI 实施过程中，除了保持对结果的关注外，也要加强对过程以及行为的监控和管理。组织应设立中期效果评估或者不定时地了解员工的反馈，倾听员工的意见。管理人员评估和了解的信息内容主要有：目前绩效指标已经达到了什么程度，在这个过程中暴露出来的问题有哪些，员工需要解决和改进的方面有哪些，等等。将这些方面和指标相对照，及时找到原因并改进，从而提高整个系统的管理能力。

3. 需要有定期的沟通

KPI 的考核需要在实施前、制定中、考评后三个阶段做好充分的沟通工作，保证考核能够获得各方充分的支持与理解。实施前，确保企业内部明白这样做的意义和必要性，消除因不明原因而产生的消极抵触情绪。制定指标的过程中，对不同层次指标的制定都要注意吸收意见，使各级人员都有参与感，并保证员工能够明白各个指标的含义。还要让他们理解自己承担的指标和企业战略之间的关系。考评之后，应组织人力资源管理人员及时总结，及时以合适的方式告诉被考核者结果，包括做得好的方面及不足之处。

一个能够反映组织目标的绩效指标体系应该符合以下四点：①恰如其分地反映了组织的战略目标；②大多数指标是能够量化的，并且具有客观考核的价值；③可以成为激励员工高效工作的指标标杆；④绩效考核指标并非是越多越好，要以实现绩效考核目标为制定准则。

三、以 OKR 管理法为核心的绩效管理理论

（一）OKR 管理法的内涵

OKR（objectives and key results）即目标与关键成果法，是一套定义和跟踪目标及其完成情况的管理工具和方法。具体地讲，OKR 是一套严密的思考框架和持续的纪律要求，旨在确保员工紧密协作，把精力聚焦在能促进组织成长的、可衡量的贡献上。OKR 的终极目标是希望在当今竞争日益激烈的商业环境中，通过识别目标和关键结果并频繁刷新，让行动更加敏捷，以适配环境需要，从而提升企业的经营业绩。

OKR 是由英特尔前首席执行官安迪·格鲁夫在他的著作《格鲁夫给经理人的第一课》中提出的，后来被约翰·杜尔（John Doerr）推广到英特尔（intel）、甲骨文（ORACLE）、谷歌（Google）、领英（Linkedin）等企业逐步流传起来，现广泛应用于以项目运营的企业，特别适合拥有"目标"文化的创新创业公司或高科技企业等各类需要不断探索战略的企业和创新型岗位。

OKR 中，"O"代表 objectives，是目标的意思，回答的是"我要去哪里？"的问题。目标指的是公司在未来的一段时间内渴望达成的目标。要设定一个目标并不难，难的是怎么让这个目标看起来是靠谱的，且一眼就能看明白是解决什么问题，即方向必须明确。好的目标有三个标准：重要且具体、行动导向、鼓舞人心。

OKR 中，"KR"代表 key results，是关键结果的意思，回答的是"我如何知道能否达到那里？"的问题。有了目标，就要落地执行，这就要有关键结果。这里的关键结果不仅仅指为了实现目标我们必须做的事情，还是指产出导向（outcome based），就是关注所做事情的结果，而不是仅仅关注事情做了没有。OKR 要求公司、部门、团队和员工不但要设置目标，而且要明确完成目标的具体行动。

如果说目标"O"就是"做什么"的话，关键结果"KR"就是"怎么做"，这个关键结果是完成目标的路径，必须符合 SMART 原则，即明确且可衡量、可验证，除此之外，这个关键结果需要一些挑战性，即通常情况下不

是那么容易就达到的,需要"跳一跳"才能完成。OKR内涵示意图如图2-7所示。

图2-7　OKR内涵示意图

"Objectives + Key Results"就是"为确保达成企业目标的关键结果分解与实施"。它是一种目标管理方法,是一种能够让企业更好地聚焦战略目标、更好地集中配置资源、更好地使团队上下同心的管理方法。比如企业的目标(O)是创造出色的客户体验,那关键结果(key results)就是:将净推荐得分从X提高到Y;将回购率从X增加到Y;将客户获取成本保持在Z以下。

OKR构成要素如图2-8所示。

图2-8　OKR的构成要素

OKR的价值在于:制定目标的同时制定了支撑关键目标的关键结果,然后再制定实现关键结果的关键任务。这样做到既明确目标,又设置了实现目标的路径,有效地保证了有限资源的集中以及目标实现的可能性。

(二) OKR 管理法的作用

OKR 管理法这几年在企业里广泛流行和使用，不仅仅是 OKR 有利于解决企业在经营过程中遇到的战略执行问题、公司难以实现持续增长、遭遇颠覆式创新的威胁等问题，更重要的是 OKR 本身特征能给企业带来的好处。主要表现在以下方面：

（1）OKR 能让我们抓住主要矛盾，找出对企业发展真正重要的事情。

（2）让企业能聚焦优势资源在最重要的事上，可以最大限度地减少资源浪费。

（3）能让团队成员的迭代周期更短，让团队成员实现自我突破。

（4）能让每个人对目标的理解是一致的，从而能做到上下同欲，同心协力，避免内耗。

（5）使每个人都有清晰的目标感，使组织的努力更聚焦。

（6）能让企业变得更加主动，充分激发企业去做面向未来的思考。

(三) 实施 OKR 的流程

OKR 实施流程也是按照绩效管理的流程实施的，也是一个不断制订计划、执行、检查、处理（PDCA）的循环过程，体现在整个绩效管理环节，包括绩效目标设定、绩效要求达成、绩效实施修正、绩效改进、再制定目标的循环，这也是一个不断地发现问题、改进问题的过程。如图 2-9 所示。

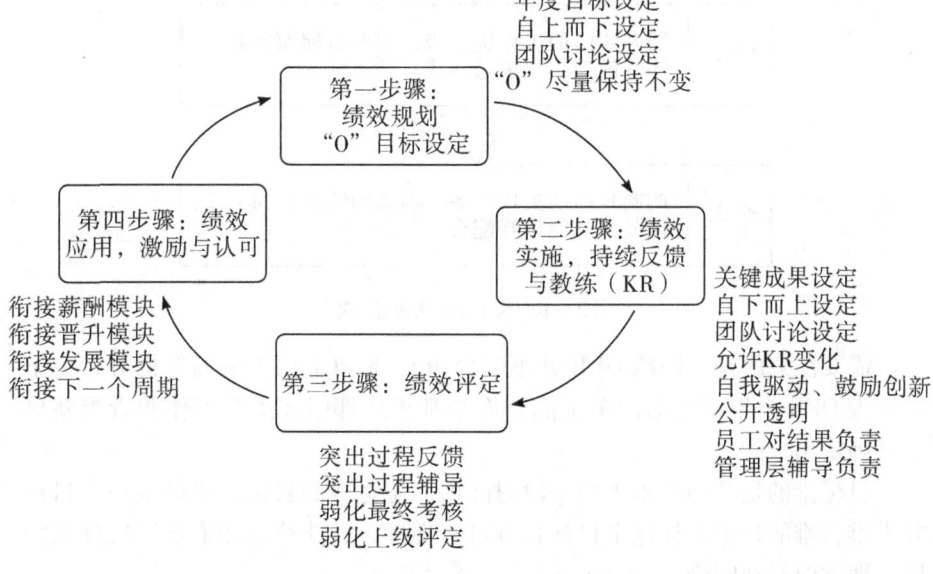

图 2-9　实施 OKR 原理模型

OKR绩效管理把绩效管理的重点从绩效考核转为过程管理，强调沟通辅导、执行力与团队合作，让绩效管理真正发挥激励员工的效果。具体实施流程如下：

1. 绩效规划，"O"目标设定

OKR是一个"企业战略—目标—任务"体系，在使命、愿景和战略的背景下，帮助企业从战略目标出发，创建关键结果，识别和落实关键任务的方法。

在公司的使命、愿景和战略的背景下，确定公司的年度OKR，自上而下分解为公司的季度OKR，再与部门或者团队充分沟通分解为部门OKR，明确部门在公司的战略目标体系中所扮演的角色和所处的位置，明确部门或团队的工作优先重要的事情；部门主管与每个员工进行充分的沟通，让员工明确知道自己该做什么，是最具体的一层。如图2-10所示。

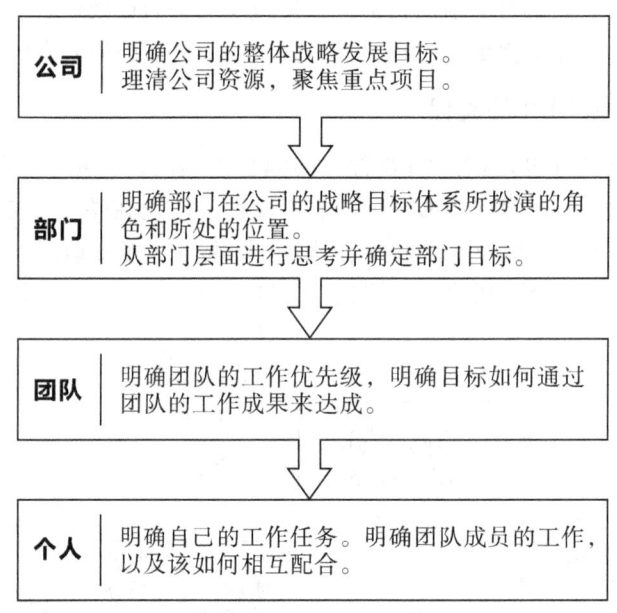

图2-10　OKR体系的层次

需要注意的是，团队OKR并不是公司OKR自上而下的简单拆分，也不是个人OKR自下而上的简单汇总，而是基于从部门或团队工作职责重新思考并确定出来的。

目标指的是公司在未来的一段时间内渴望达成的目标。要设定一个目标并不难，难的是怎么让这个目标具有可实现性，且能快速知道是解决什么问题，即方向必须明确。

好的目标有三个标准：重要且具体、行动导向、鼓舞人心。

目标务必是具体的、可衡量的，具体到时间段、数量、金额等，最好是量化数字。例如不能笼统地说"我想让我的公司更好"，而是要提出"让公司利润率提升20%"之类的具体目标。

目标是要远大的，有一些挑战的，有一些鼓舞人心的。如果设定的目标能够顺理成章或没有太大挑战即可达成是不能作为"O"的，一般来说，1分为总分的评分，达到0.6～0.7分是比较理想的了，这样每个员工才会不断为目标而奋斗，而不会出现期限不到就完成目标的情况。根据经验，通常员工在每季度制定4～6个目标是最佳合理状态，目标太多也会令人焦头烂额。

目标必须是在管理者与员工直接充分沟通后的共识。没有达成共识的目标不能算作目标，目标的设定以达成共识为终点。

2. 绩效实施，持续地反馈与调整

（1）确定每个目标的KR。

KR是一种定量描述用于衡量指定目标的达成情况。如果目标要回答的是"我们想要做什么"这个问题的话，那么KR要回答的则是："我们如何知道自己是否达成了目标的要求？"这个KR是完成目标的路径，KR的终极价值在于，它会迫使你将目标中模糊或者模棱两可的部分调整到符合SMART原则，即明确且可衡量、可验证。

KR必须具备以下特点的行动：①必须是能直接实现目标的；②必须具有进取心、敢创新，可以不是常规的；③必须是以产出或者结果为基础的、可衡量的，设定评分标准；④一般每个目标的KR不超过4个；⑤必须规定时间期限。

OKR管理法的考核流程如图2-11所示。

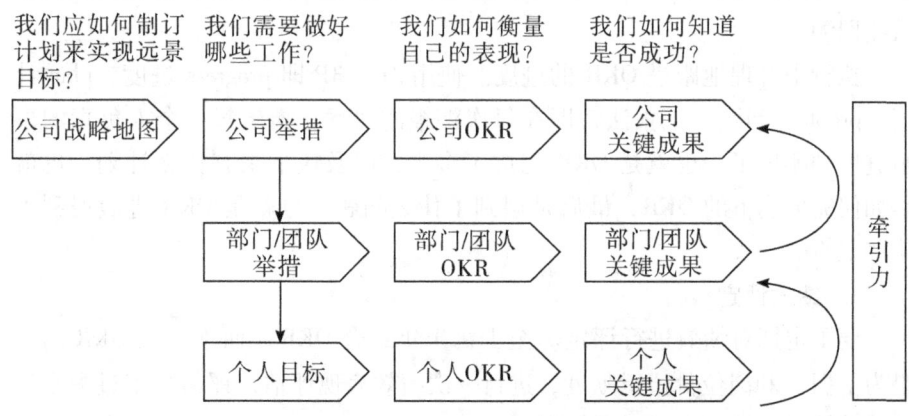

图2-11 OKR考核关键流程

目标既要有年度 KR，也要有季度 KR。年度 KR 统领全年，但并非固定不变，而是可以及时调整，调整要经过批准；季度 KR 则是一旦确定就不能改变的。此外，从成功的实施经验来看，从公司、团队、经理到个人都应有不同层级的 KR，所有这些 KR 共同确保公司按计划正常运营。需强调的是，目标不能调整，措施和方法可以不断完善。同样，KR 的设定也必须达成共识，是管理者与员工直接充分沟通后的共识。

（2）完整的 OKR 实施周期。

OKR 一般是以月度、季度为周期的，也有少数以年或半年为周期。周期时间长短主要取决于组织的大小。一个完整的 OKR 实施周期可以分为五个阶段，如图 2-12 所示。

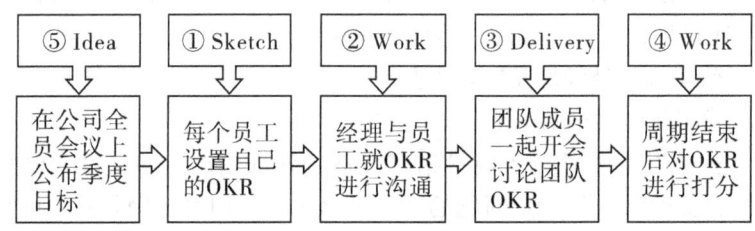

图 2-12　一个 OKR 实施周期流程

在执行 OKR 过程中，利用周例会，追溯和调适绩效管理过程，同时确保实施效果不断改善，必须定期检查和回顾。强有力的检查与考核，是推进企业执行力的锐利武器，同时又是考核的基础，为考核提供了信息和数据，为考核的公平和公正提供事实依据。要做到"定期检查，必要时调整"。检查周期通常是一周或一个月，要围绕"目标、当前进度、遇到问题、原因分析、需要的支持、下一步工作计划"六大方面做分析和记录，做好归档便于后续回溯。

执行中合理地跟进 OKR 的进度。使用 3P（3P 即 progress 进度、plan 计划、problem 问题）汇报法，即在每次汇报的时候，指出每一个人负责的事情进展到哪里了，也就是 OKR 完成了多少，以及接下来有什么计划，也就是如何完成剩下的 OKR，最后是遇到了什么问题，也就是 OKR 进展遇到了哪些阻碍。

3. 绩效评定

要不定期对绩效进行评定。至少每半年结合 OKR（而不是以 OKR 的结果为依据）和岗位价值贡献度，进行一次绩效表现评估，评估员工过去半年的绩效情况。具体主要事项如下：

(1) 设立评分标准。

设立评分标准的建议：尽可能地利用手头上一切可以客观量化的背景资料，同时也不能完全抛弃主观判断和"直觉"。

(2) 季度中期评估。

通过已有运营数据评估目标达成的可能性，以便在本季度剩余时间里合理调度资源。根据环境的变化调整目标和关键结果的优先级。在整个季度中间，随时保持对进度的评估，不要等到季度结束时才做这件事。

(3) 季度评估。

季度评估是对上期 OKR 的复盘、打分、总结，并提交下一季度的 OKR 草案。

OKR 评分，是自我控制的一个过程，其目的是衡量关键结果或目标的完成程度。它是衡量进展的指标，而不是奖惩的依据，所以，要保持评分相对简单。一般做法是：责任者自己打分，上级和团队进行审核。建议按照 0~1.0 区间评分，如表 2-3 所示。理想的 OKR 评分，KR 应该落在 0.6~0.7 之间。

表 2-3 OKR 评分等级示意表

评分	意 义
1.0	达到挑战目标
0.7	没有达到挑战目标，但达到期望目标
0.3	没有达到期望目标
0	不可接受的结果，未完成，没有任何进展

同时，在季度评估会议上公开阐述每个员工的得分以及得分理由，在部门、团队之间营造互相学习的氛围。

4. 绩效应用，激励与认可

公司的绩效考核结果可以充分应用到职位评级和薪酬涨跌上，这也完全依托于充分透明的 OKR，员工都能非常清楚地知道，自己和他人是如何支持公司发展的，对公司的贡献度是多少。基于此形成的"能上能下、能进能出"的职位发展机制，也为每个人提供了公平的发展平台。

需要注意的是，OKR 不能与绩效、奖金挂钩，因为 OKR 不是一个绩效考核工具，而是一种目标管理工具。OKR 管理法的目的是提醒员工当前的任务，并不断寻找更好的解决问题的途径。公司需要制定相对独立的绩效考核办法。

（四）OKR 与 KPI 的异同

1. OKR 与 KPI 适用范畴

OKR 和 KPI 各有各的适用环境，不是一个相互替代的关系，更像是互补的关系。KPI 是做考核的主要标准，而 OKR 通常只作为考核的一个参考，OKR 更主要的目的是提醒个人、团队和公司各自的方向和目标，公司里所有人的 OKR 都是公开透明的，这样比较容易保证公司内部的公平公正，也能够方便项目从公司里找到合适的人，有才能的人可以毛遂自荐去完成某个关键的任务，从而保证项目和公司战略的有效推进。

OKR 与 KPI 两者所解决的问题实际上是不同的，他们所强调的角度也是不同的。因此并不是所有的职位都能适合 OKR，也不是所有的职位都适合 KPI。企业的重点不在于选择哪一个，而在于如何平衡和协同使用 OKR 和 KPI。比如说对于销售来讲，它更在意的是如何保持持续稳定的收入，因此需要更硬性的标准来约束销售人员能够完成任务，所以其需要的是 KPI 而不是 OKR。而对于营销团队来讲，他们最需要的是如何将影响最大化，而过于刻板的 KPI 就限制了营销团队的灵活性，因此其更适合的是 OKR，而不是 KPI。

2. OKR 与 KPI 相同点

虽然 OKR 是关注过程和跟踪的绩效达成方案，是一种目标管理方法，而 KPI 是一种关注结果的绩效考核工具，但是 OKR 与 KPI 在以下三个方面却是相同的。

（1）前提相同。不管是 OKR 还是 KPI 都是以企业目标明确、员工职责清晰为实施的前提的。

（2）假设相同。OKR 和 KPI 的理念都是基于员工会采取积极的行动，努力达到事先确定的目标的假设之上的。

（3）目标或指标的产生相同。OKR 和 KPI 都强调目标，同时也需要有执行力，并且 OKR 的目标和 KPI 的指标都是在公司内部自上而下，公司与个人共同协商、共同确定的。

3. OKR 与 KPI 不同点

OKR 考核的是"我要做的事"，目的是保证企业朝着正确的方向走，强调的是对于项目的推进，解决的是问题是如何更有效率地完成一个有挑战性的项目。OKR 解决的是企业目标聚焦的问题，驱动员工目标与组织目标对齐，最后再化目标为行动。

KPI 考核的是"要我做的事"，目的是驱使员工不断往前走，强调的是对人事的高效组织，解决的问题是如何保质保量地完成预定目标。

OKR 的管理思路是先制定目标，然后明确目标的结果，再对结果进行量化，最后考核团队和个人的完成情况。KPI 管理的思路也是先确定组织目标，然后对组织目标进行分解直到个人目标，然后对个人目标进行量化。

OKR 与 KPI 的其他不同点列示于表 2-4 中。

表 2-4 OKR 与 KPI 的其他不同点

项目	KPI	OKR
操作要点	1. 自上而下分解和分配业绩指标； 2. 目标尽可能指标化； 3. 绩效薪酬与 KPI 得分直接相关	1. 自上而下分解目标，员工目标同经理确认，关键成果及任务与经理沟通后，员工自己确定； 2. 关键结果不一定指标化，但要有一个可量化的衡量； 3. 绩效薪酬与 OKR 得分不直接相关
管理逻辑	1. 只看结果，不问过程； 2. KPI 是管理控制工具	1. 盯紧目标，并对过程管理； 2. OKR 是沟通工具和员工自我管理工具
优点	1. 极大刺激员工的工作积极性； 2. 考核什么，你会得到什么	1. OKR 以目标而非"预定的结果"为导向； 2. OKR 自定原则，会更大发挥员工积极性； 3. 加强管理者和员工日常的工作目标和工作标准的积极交流； 4. 不过度强调 OKR 结果，而强调目标实现，让工作更灵活，且更利于鼓励创新； 5. 薪酬激励与综合评估有关，OKR 只起参考作用，更具科学性
缺点	1. 被动执行目标，而不是设定目标； 2. 指标与指标之间缺乏层级； 3. KPI 与绩效奖金挂钩，无法起到长久的激励作用	1. 需要高度有责任心和重视贡献的员工； 2. 需要更加勤勉的管理者

总之，OKR 与 KPI 相比较，OKR 可以弥补 KPI 的诸多缺陷，相比 KPI 更专注、更自由。以 "O" 来引导 "KRs" 的方法使得每一位企业员工清晰地了解公司的发展目标，并在这个过程中明确自己的位置，贡献自己力所能及的一些力量，即 "更专注"。更自由主要表现在：一是每个人的 OKR 都是由自己设定；二是 OKR 更具有灵活性，可以设定不同的优先级别和优先顺序。

(五) OKR 实施中应注意的事项

1. OKR 设置时应注意的事项

OKR 设置时应注意的事项如表 2-5 所示。

表 2-5 OKR 设置的注意事项

所处阶段	OKR 设置注意事项
设置前	帮助大家理解为什么实施 OKR; 提供 OKR 培训，保证部门、团队之间理解、认识同步
设置中	目标的设定是定性的，具有激励人心的指引作用; 关键结果的设定需要遵循 SMART 原则; OKR 的制定需要垂直对齐和水平对齐，与上级、同级、下级建立联结，沟通协调，公开透明
设置后	目标与关键结果的评估、总结、回顾最好以季度为周期，复盘时间主要取决于组织的大小; 为了更好地实行目标与关键结果系统，组织可以对高产出的员工实行奖励计划，以激励员工取得更好的成果

2. OKR 实施中应注意的事项

OKR 在实施过程中，应注意以下事项：

（1）确定落地方案。OKR 只是确定了目标，而不设路径，这是为了不限制我们的实现方法，也避免了设定的路径根本不通向目标。因此，我们必须在 OKR 确定后，制定详细的落地方案，也就是具体的作战计划。空盯着目标 O 是没用的，只有具体任务 KR 才有利于执行。

（2）定期检查。定期检查让我们能及时发现问题，解决问题。建议每周或每月做常规检查，每个负责人分别做汇报，汇报的内容主要包括目标、进度、遇到的问题、问题的原因、需要的支持、下一步的计划。

（3）必要时调整。在执行过程中，如果发现设定的 OKR 有明显问题，比如有的 KR 只是锦上添花，有的 KR 制定过高或过低，有的责任人明显不够负责，那么应该果断地做出调整。当然，OKR 在整体上必须保持稳定。

（4）在执行时，经常会遇到常规业务与 OKR 的资源冲突，这时要优先 OKR。

四、以360度考核法为核心的绩效管理理论

(一) 360度考核法的内涵

360度考核法又称为"全方位考核法"或"360度反馈法"或"多源评价法",该方法最早被英特尔公司提出并加以实施运用。自20世纪80年代以来,该方法迅速被国际上许多企业所采用。在《财富》排出的全球1 000家大公司中,超过90%的公司应用了360度考核法。诸如美国能源部、IBM、摩托罗拉、诺基亚、福特、迪士尼、麦当劳、美国联邦银行等部门都把360度考核法用于人力资源开发和管理。事实上,360度工具的流行并不限于大公司,据一项对美国企业较大规模的调查显示,65%以上的公司在2000年采用了这种全方位的评定体系来提高团队的工作效率。

360度考核法是指在一个组织中,组织的管理者从与被考核者发生工作关系的多方主体那里匿名获得被考核者的信息,以此对被考核者进行全方位、多维度的工作绩效评估的过程。通过向了解和熟悉被评价者工作的相关人员获得信息,即由上级、下属、同级、顾客以及其他外部工作相关人员作为评价者来匿名评价员工的工作绩效,然后组织对这些多方位的信息进行综合分析和判断,得到全面、公正的考核结果,促使被考核者摒弃不足、弥补欠缺、达到绩效评价有用的目的。一般情况下,该方法比较适合中层以上管理人员。

360度考核法的各个维度如图2-13所示。

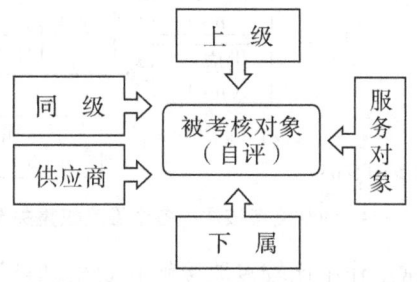

图2-13 360度考核法的维度

1. 上级考核

上级考核的实施者一般为被考核者的直接上级,直接主管领导是最了解被考核者工作情况的人,是最主要的考核者,在考核中所占权重应最大。

2. 同级考核

一般指与考核者工作联系较为密切的其他部门的同级同事,因为平时工作接触多,他们对被考评者的工作技能、工作态度和工作绩效较为了解。但是在考评中,要注意预防同事恶性竞争导致的故意差评。

3. 下属考核

管理者的下属与管理者直接工作接触,对管理人员的管理能力、执行能力及领导力亲身体验者,通过下属考评,可以直接反映出领导者在管理方面的问题,同时还有助于培养企业的民主作风和提高企业员工的凝聚力。另外,在考核中,要注意有些下属将工作上的问题上升为个人情绪,利用考核机会"公报私仇"。

4. 自我考评

自我考评是员工自己就一阶段的工作进行自我陈述、自我评价的一种方式。一方面可以促使员工自我总结与反省,发现自身工作的长处与短板;另一方面可以让员工参与进来,更加了解、配合和支持考核工作。

5. 其他考核

指的是与考核者工作密切联系的组织外部的合作者,比如供应商、顾客等。如果能得到这些方面的信息,将是对考核者更全面、更真实工作情况的反映,有助于从根本上提高被考核者的工作绩效。

360度考核法的各个维度及权重大小关系如图2-14所示。

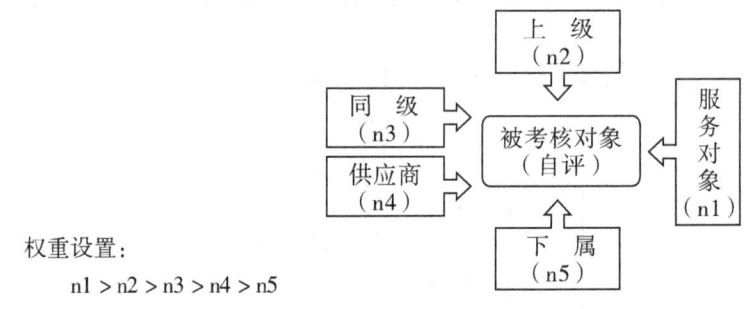

权重设置:

$n1 > n2 > n3 > n4 > n5$

图 2-14 360 度考核法的各个维度权重关系

评价者能够在日常工作中比较多地接触和观察到被评价者,是进行评价的前提。评价权重的设置组织可以根据自己战略发展的实际需要(组织体系的价值观)和岗位说明书来设置权重的大小。一般情况下,360度绩效考核法强调服务对象的评价权重最大,上级考核权重占比次之,接着是供应者和同事等考核权重占比,占比最小的是下属考核,即 $n1 > n2 > n3 > n4 > n5$。

360度绩效考核法考核时应该选择哪些维度的评价者,应以组织的发展需要和岗位职责内容确定,不一定每一次考核所有维度都要进行考核。比如有些岗位不对外服务客户时，被评价者的直接上级的权重应该是最大的，具体权重大小是根据组织和岗位的具体情况确定，此时服务对象维度就不参与评价。

而有的员工主要工作可能是对外服务，企业内部的其他员工对其的评价对组织来说不重要，而外部客户的评价可能更重要，这时候使用360度考核法，外部客户及员工的直接上级应该是主要参与方，而同级倒不一定参与。综上所述，360度考核法针对不同的企业和被考核者，可能是90度考核、180度考核、270度考核等，千万不能搞一刀切。

不同行为之间的权重分配不受评价人的影响，即在上级、同级、下属的打分计算时，不同行为的权重是固定的。在计算分数时，不同评价要素（行为）的权重可以有所不同，但这是根据评价内容确定的。例如，在评价的十项能力中，"团队建设"相关的行为占有整体15%的权重，是其中比较重要的。

360度考核法是一种定性考核方法，通常采用评分制。360度考核法评价内容主要用于收集员工的工作技能、专业知识、工作风格、工作态度、沟通技巧、领导能力、执行力、价值观等方面的信息。

（二）360度考核法实施流程

360度考核法要取得预期的考核效果，确保考核的有效性和公正性，必须按照严格的考核实施流程和操作规范去进行，而且在实施的过程中务必把控好其中的一些关键节点。因为如果在执行过程中不能仔细、周到地安排好每一个环节的操作细节，那么最终的结果很可能会差强人意。360度考核法的实施流程主要有准备阶段、设计阶段、实施阶段、评估反馈阶段。

1. 准备阶段

（1）需要获取组织高层领导的支持。实施360度考核法，是一项系统工程，需要投入大量的财力和人力，在具体的实施过程中，能否获取高层领导者的支持直接决定了绩效考核能否成功。一方面，企业的高层领导者是绩效考核中重要的考评者之一；另一方面，他们从宏观上决定了绩效考核的政策，指引着绩效考核的方向，同时也是绩效考核得以顺利推进的强大动力。比如最好让高层管理人员能公开承诺公司引进360度考核法是服务于员工能力的开发，而不是服务于公司的行政管理需要，以获得员工的信任和配合。

（2）组织成立考核小组。绩效考核工作组，其小组成员一般由企业各层级领导、其他部门领导、人力资源部工作人员、外部聘请的专家等组成，负责统筹整个绩效考核工作。该项目小组的使命是设计、执行360度绩效考核计划并且对这一过程进行评价，以使这一过程能够被公司员工所接受，同时能够获得有益的结果。

（3）加强考核工作的宣传。考核评估前的宣传工作主要是向员工讲解有关绩效考核的目的，意不在考评，而人力资源开发，谋取组织绩效的改善。同时说明绩效考核的内容，让员工真正地认识到绩效考核对他们的益处，从而消除他们对绩效考核工作的顾虑和抵触情绪，提高他们参与绩效考核工作的积极性。具体的方式可以是集体会议、公司文件传达等。

2. 设计阶段

设计阶段的主要工作包括确定考核周期、考核人选、被考核对象、设计考核内容和准备考核工具等工作。

（1）确定考核周期。严格来说，绩效考核的周期并没有唯一的标准，360度考核反馈的实施周期应该根据不同的评估目的进行灵活的处理。一般的考核周期为月、季、半年或一年，还可以选择在一项特殊任务或项目完成之后进行。

如果360度考核法仅用于单纯的发展性评估的话，12~18个月的周期是合理的，因为在绩效考核后，管理者需要再做绩效计划、辅导改变，达到真正地提高绩效的目的；但是时间也不能超过两年，周期太长会导致失去发展和改进的热情和动力。如果360度评估反馈和绩效管理结合的时候，可以适当缩短评估的周期，比如6个月，甚至是季度的考核，此时360度评估的结果需要在绩效考评的结果之前出来。

另外，不同考核者适用的考核周期是不一样的。原则上业务往来密切者适用较短的考核周期，被考核者的职位较低者适用较短的考核周期，被考核者的职位较高者适用较长的考核周期。

在考核频率的选择上，频率不宜太高，否则一方面浪费一定的精力和时间，另一方面造成员工的心理负担；同时，考核周期也不宜太长，否则不仅降低考核的效果，还不利于员工绩效的改进。

（2）确定考核人选。360度考核的实施主体一般由多人组成，包括被考核者的上级领导、同级、下属、被考核者本人及与其工作关系密切的其他人员，但并不是所有的上级、同事、下级及其他相关人员都是被考核者的考核人选，而是其中那些与被考核者在工作上接触较多、比较了解其工作表现的人才能作为考核者的人选。

另外，也并不是所有的考核者对被考核者的所有考核项都进行评估。例如，评价被评估者的服务意识，选择由其服务的对象来评估则更为合适。

（3）确定考核内容和准备考核工具。360度考核的重要工具之一是考核表。考核表设计的是否合理直接关系到绩效考核的效度。因此，设计好考核表是设计阶段一项非常重要的工作。

考核表内容的设计要基于岗位胜任力素质模型来设计,同时要紧紧围绕组织发展战略和绩效考核的目的来进行。也就是说组织在360度绩效考核中所要衡量的内容必须反映出组织最为重视的那些行为,并且这些行为与组织目标的实现是紧密联系的。因为企业所要衡量的内容是推动员工行为的重要力量。即使是在360度绩效考核不被用于绩效评价而被严格用于开发目的的情况下,被考核人也会对自己的行为进行修正以求获得更高的评价等级。考核表有关内容如表2-6至表2-8所示。

3. 实施阶段

考核工作的实施,主要包括两部分:组织考核的实施和收集统计考核信息。在具体的执行过程中,要注意对具体实施过程,如考核表的分发、收集和保密加强监控和管理。

另外,为防止考评标准流于形式,在进行360度绩效考核前,人力资源部必须加强对考核参与人员给予积极的引导和培训,提高他们的参与率与积极性,确保大家对考核标准和考核流程达成共识,在考核时保持客观和理性。避免由于个人主观因素的影响而导致带有偏见性的考评结果发生,以保证考核信息的真实性。

4. 评估反馈阶段

360度绩效考核法最重要的价值在于开发,而不是评价,并且其最初也并不是专门为绩效评价而设计的,它更为强调这种绩效反馈过程所能够起到的人员开发作用。因此,在对评估者的评估工作完成之后,应及时将评估结果的相关信息反馈给被评估者,员工利用绩效反馈信息来确立自己的绩效改善目标。一般可由被评估者的直接上级、人力资源部工作人员或者外部专家,以面谈的方式向被评估者提供反馈,帮助其分析工作中做得比较好的地方,以及如何改进等问题。在这一过程中,被考核员工不仅必须与自己的上级进行面谈并且分享信息,而且还将安排与对其做出评价的其他人进行会谈,就其所获得的评价结果进行讨论。

绩效改善目标确定之后,被考核者就需要对自己的改善目标达成情况负责。如果员工没有达到既定的绩效改善目标,可能就会承担轻重不同的后果,从以书面通知的形式告知他没有达到既定的工作行为改善目标,到在三年之内没有发生绩效改善时可能会受到的降级处理。

表 2-6 关于上级工作能力考核表

考核内容	指标	权数	评价尺度					得分
			9~10分	7~8分	5~6分	3~4分	1~2分	分值
								(权数*分值)
工作能力 (50%)	专业技能	0.30	专业知识和经验丰富，专业技能熟练，能处理绝大多数专业技术问题，并经常主动提出改进性建议	丰富的专业知识和技能，根据工作任务要求能处理大多数专业技术问题	较丰富的专业知识，能处理大多数常规的技术问题	专业知识技能水平一般，不能解决相关专业技术问题而影响工作	不具备足够的专业知识技能，无法顺利完成工作	
	控制能力	0.20	能十分有效地控制计划任务进程和结果，并对下属和合作者的行为态度产生积极影响	能基本控制任务进程和结果，并对下属和合作者的行为产生一定的积极影响	能完成大多数任务，但对下属和合作者的调控能力一般	能完成大多数任务，但对下属和合作者的调控能力较差，易激起矛盾	经常不能按要求完成任务，无法对下属进行有效管理	
	分析判断能力	0.20	能主动快速地收集信息，找出主要矛盾，并及时提出合理有效的建议	能快速收集相关信息，找出问题，提出有效的方案	能收集一些相关信息，并提出建议	信息收集不全，常凭借主观决策，建设性意见较少	经常对工作任务做出错误判断，影响工作	

· 44 ·

续上表

考核内容	指标	权数	评价尺度					分值	得分（权数*分值）
			9~10分	7~8分	5~6分	3~4分	1~2分		
工作能力（50%）	计划组织能力	0.15	根据企业经营战略及时可行地制订详尽可行的部门计划，合理统筹安排资源，对意外情况有应急方案	根据企业经营战略制订详尽可行的部门计划，并合理安排资源	按要求制订有关计划并安排资源，但预见性和效率一般	计划不够明确，可行性较差，有时会因此而影响工作进展	不能根据经营战略制订可行的部门计划，经常打乱仗		
	沟通协调能力	0.15	总是能快速与他人达成理解，并建立良好的合作关系	一般情况下能通过交流沟通与他人达成一致	基本能与他人进行沟通完成工作任务	经常因沟通障碍影响工作进展，有时会影响大局	无法有效与他人沟通，影响任务完成		

表2-7 下属工作态度考核表

考核内容		评价尺度				得分
指标	权数	9~10分	7~8分	5~6分	3~4分	1~2分	分值	(权数*分值)

考核内容	指标	权数	9~10分	7~8分	5~6分	3~4分	1~2分	分值	得分(权数*分值)
工作能力(50%)	责任心	0.25	勇于承担责任,以大局为先,不计较个人得失	勇于承担错误,并改正,但有时不能自我督促	能适当承担责任,但大局观不强,需要上级督促	能承担部分责任,但需上级经常性督促	逃避责任,常常推诿拖延,影响任务顺利完成		
	成本观念	0.25	成本意识很强,部门费用常常小于预算	具有较强的成本意识,部门费用与预算持平	具有基本的成本意识,部门费用常常超预算	成本意识较弱,有一定程度的浪费现象	没有成本意识,费用常常超过预算		
	忠诚度	0.20	与企业同甘共济,不计较个人得失	能主动维护企业利益,敢于揭发有损企业利益的行为	能维护企业利益,但主动性不强	有时看重个人利益,大局观不强	对企业不够忠诚,对个人利益斤斤计较		
	服从性	0.15	对上级的命令不折不扣地严格执行,出现意外情况及时上报请示	对上级的命令能严格执行,出现意外能向上级反馈,征求意见	对上级的命令基本能严格执行,偶尔自作主张,但不影响大局	对上级不严格,执行常自作主张,不顾大局	违抗上级命令,下达的命令,经常阳奉阴违		
	细心程度	0.15	工作非常认真细致,极少犯错	工作认真细致,较少犯错	工作较认真细致,偶尔会犯错,但能积极改正	工作比较粗心,容易犯错,有时影响工作进程	工作粗心马虎,经常犯错,严重影响工作进程		

表 2-8 对上级的评分表

考核内容	权重	打分标准					得分	计分
		5分	4分	3分	2分	1分		
对下属工作任务安排合理性	20%	非常合理	较合理	一般	不合理	极不合理		
对下属授权合理性	20%	非常合理	较合理	一般	不合理	极不合理		
对下属工作目标明确性	10%	非常明确	较明确	一般	不明确	极不明确		
工作指导和培训充分性	30%	非常充分	较充分	一般	不充分	极不充分		
与下属沟通充分性	20%	非常充分	较充分	一般	不充分	极不充分		
合计总分								

(三) 360 度考核法的实践性评价

1. 360 度考核法价值

360 度考核法具有以下价值：

(1) 提高绩效考核的全面性与公正性。360 度考核法运用了心理学、心理统计学、社会学、组织行为学、管理学、人力资源管理理论等多学科的理论和技术，多角度、多来源地对组织及个人绩效做出评价。该模式是对传统模式的挑战，具有传统模式没有的优势。这种评价方式可以提供全面、公正、真实、客观、准确、可信的信息。

(2) 有助于员工个人的职业发展。从员工个人角度看，360 度考核法有助于个人的职业发展。通过评价，多角度集中收集反馈信息，从多角度反映被考核者的优势、不足之处、胜任特征、职业生涯指导意见等，激励员工个人不断改进自己，明确职业发展方向，促进员工个人发展，实现个人职业规划与企业战略的匹配。

(3) 提升人力资源质量和人员素质。从组织角度看，360 度考核法有利于组织整体人力资源能力与素质的提升。360 度多角度考核，激励员工不断提升自身全方位素质与能力，总体可以提升组织的人力资源质量，增强企业的市场竞争力。另外，360 度考核法有助于促进组织成员彼此之间的沟通与互动，提高团队凝聚力和工作效率，促进组织的变革与发展。

2. 360 度考核法的不足

虽然 360 度考核法有很多显而易见的优势，但是它也是一把"双刃剑"，也有其自身不足的地方。

（1）考核需要花费较长的时间与较高的成本。360 度多角度考核，需要收集并处理多方主体的考核意见，这需要投入大量的时间、人力等资源，考核成本大幅提高。

（2）考核结果区分度不大。360 度考核侧重于对被考核者各方面的综合考核，定性考核项比较多，定量考核项比较少，主观性评价比较强，因此不管是某一具体的指标，还是最终的考核结果，都是区分度不大。

（3）360 度考核法的考核主体有多个，当从不同主体对同一被考核者收集到的反馈信息有意见冲突时，难以分辨孰真孰假。例如，对同一员工的沟通能力问题，领导评为优，同级评为中，而客户评为差，这时应怎么办？

（4）360 度考核法培训工作难度大。各级员工既是考核者，又是被考核者。实施 360 度考核前，如果培训不到位，沟通不恰当，就可能在组织中造成紧张气氛，影响组织成员的工作积极性与工作效率。

五、以平衡计分卡为核心的绩效管理理论

（一）平衡计分卡的内涵

1. 平衡计分卡的起源与发展

平衡计分卡（balanced scord card，BSC）是由哈佛商学院罗伯特·卡普兰（Robert Kaplan）教授和复兴全球战略集团总裁大卫·诺顿（David Norton）两人在总结十几家绩效测评处于领先地位的公司经营的基础上，创立了平衡计分卡。如今，平衡计分卡被誉为"世界上最伟大的管理工具"，被《哈佛商业评论》评为"75 年来最具影响力的管理工具"之一、"80 年来最具影响力的十大管理理念"之一。

在 1992 年，卡普兰教授和诺顿两人发表了一篇题为《平衡计分卡——驱动绩效指标》的论文到《哈佛商业评论》上，总结了平衡计分卡的研究成果，阐述了自 1990 年起采用平衡计分卡进行公司绩效考核所获得的益处。该论文发表后卡普兰和诺顿很快就受到了几家公司的邀请，平衡计分卡开始得到企业界的关注。

1993 年卡普兰和诺顿将平衡计分卡延伸到企业的战略管理之中，他们认为平衡计分卡不仅仅是公司绩效考核的工具，更为重要的是它还是一个公司战略管理的工具。为此卡普兰和诺顿在《哈佛商业评论》发表了第二篇关于

平衡计分卡的重要论文《在实践中运用平衡计分卡》，在这篇文章中他们明确指出企业应当根据战略实施的关键成功要素来选择绩效考核的指标。这是平衡计分卡理论研究的第二个重要里程碑，平衡计分卡开始广泛得到全球企业界的接受与认同，越来越多的企业在平衡计分卡的实践项目中受益，同时平衡计分卡还延伸到非营利性的组织机构中。

2001年随着平衡计分卡在全球的风靡，卡普兰和诺顿在总结众多企业实践成功经验的基础上，出版了他们的第二部关于平衡计分卡的专著《战略中心组织》，这一著作的出版又标志着平衡计分卡的开始成为组织管理的重要工具。在著作中，卡普兰和诺顿指出企业可以通过平衡计分卡，依据公司的战略来建立企业内部的组织管理模式，要让企业的核心流程聚焦于企业的战略实践。

平衡计分卡首先是在美国的众多企业得到实施，现今已经推广到全球很多国家的企业，在行业上，平衡计分卡几乎涉足各个行业，全球各个行业的企业（甚至包括一些非营利性机构）对平衡计分卡的需求每年也以成倍的速度增长。2003年平衡计分卡有限责任公司（Balanced Scorecard Collaborative Pty Ltd）的调查统计显示：在全世界范围内有73%的受访企业正在或计划在不久的将来实施平衡计分卡；有21%的企业对平衡计分卡保持观望态度；只有6%的企业不打算实施平衡计分卡。

2. 平衡计分卡的定义

平衡计分卡是一个系统的战略绩效管理和评价体系，其战略目标和绩效评价来源于组织的愿景和战略，它以组织的愿景和战略为基础，将各种衡量方法整合为一个有机的整体，既包含财务收益指标，也包含了市场客户、内部流程、学习与成长等非财务指标。平衡计分卡的核心思想就是通过财务、客户、业务流程、学习与成长四个方面的指标之间的相互驱动的因果关系展现组织的战略轨迹，是实现绩效考核、绩效改进以及战略实施、战略修正的战略目标过程。它把绩效考核的地位上升到组织的战略层面，使之不仅是企业营运策略的管理工具，也是加强企业战略执行力的最有效的战略管理系统。

平衡计分卡改变了传统的只注重从财务角度评估目标的思想，而且还推动企业自觉去建立实现战略目标的综合管理体系。它的实质是将战略规划落实为具体的经营行为，并对战略的实施加以实时控制。所以会从财务、客户、业务流程、学习与成长四个方面全面地关注企业。这四个方面几乎涵盖了企业的各个方面，从这一点上讲平衡计分卡是一个战略管理系统。

3. 平衡计分卡的本质特征

（1）平衡计分卡是一个系统性的战略管理体系，是根据系统理论建立起来的管理系统。平衡计分卡是一个核心的战略管理与执行的工具,是在对企业总体发展战略达成共识的基础上,通过设计实施,将其四个维度的目标、指针,以及初始行动方案有效地结合在一起的一个战略管理与实施体系。它的主要目的是将企业之战略转化为具体的行动,以创造企业的竞争优势,其在管理中的作用如图 2-15 所示。

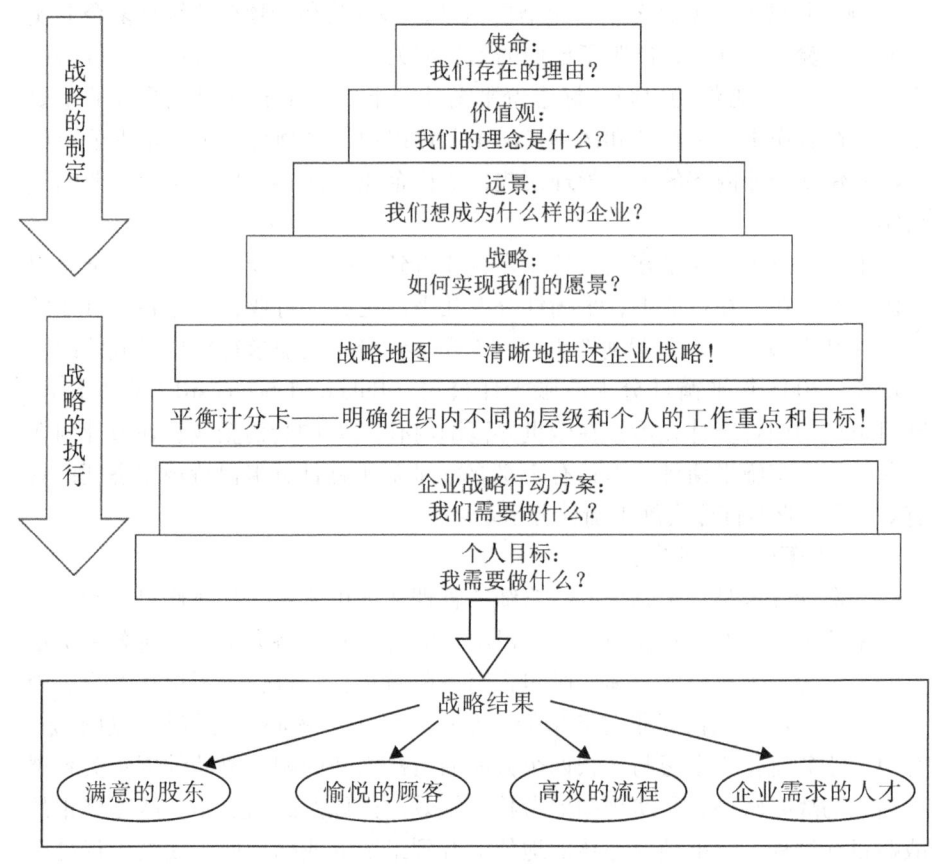

图 2-15　平衡计分卡在管理中的作用

(2) 平衡计分卡是一种先进的绩效衡量工具。平衡计分卡将战略分成四个不同角度的运作目标,并以此四个角度分别设计适量的绩效衡量指标。因此,它不但为企业提供了有效运作所必需的各种信息,克服了信息的庞杂性和不对称性的干扰,更重要的是,它为企业提供的这些指标可量化、可测度、可评估性,从而更有利于企业进行全面系统的监控,促进企业战略与远景目标的达成。

(3) 平衡计分卡是一种有效的沟通工具。一个精心设计的清晰且有效的绩效指标,清楚地描述企业制定的战略并使高层的远景与战略和基层的实施环节有机结合。据调查，实施平衡计分卡之前，不到50%的人说他们知道并理解企业组织的战略，而在实施平衡计分卡一年之后，该比例上升到87%！

(4) 平衡计分卡各绩效指标之间的因果关系。平衡计分卡与其他绩效管理系统的差别在于注重因果关系。具体如图2-16所示。

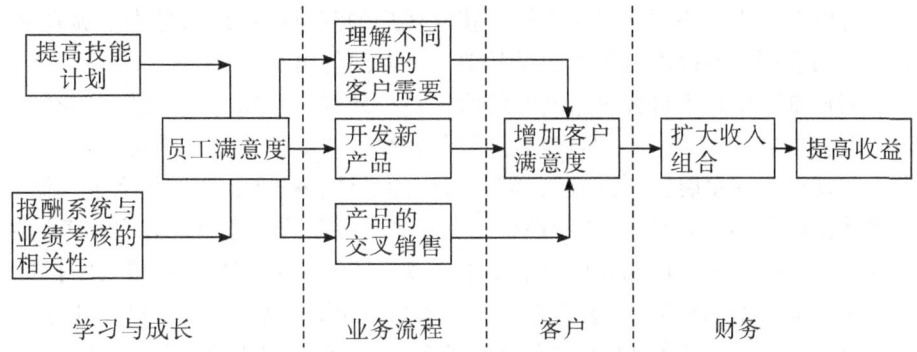

图2-16 平衡计分卡四个维度绩效指标之间的因果关系

(二) 平衡计分卡的维度构成

平衡计分卡是以信息为基础，系统考虑企业业绩驱动因素，多维度平衡评价的一种新型的企业业绩评价系统。同时，它又是将企业战略愿景与企业业绩驱动因素相结合，动态实施企业战略的战略管理系统。它一般由四个部分组成，分别是财务（financial）、客户（customer）、业务流程（business process）、学习与成长（learning & growth）维度。

平衡计分卡的维度构成如图2-17所示。

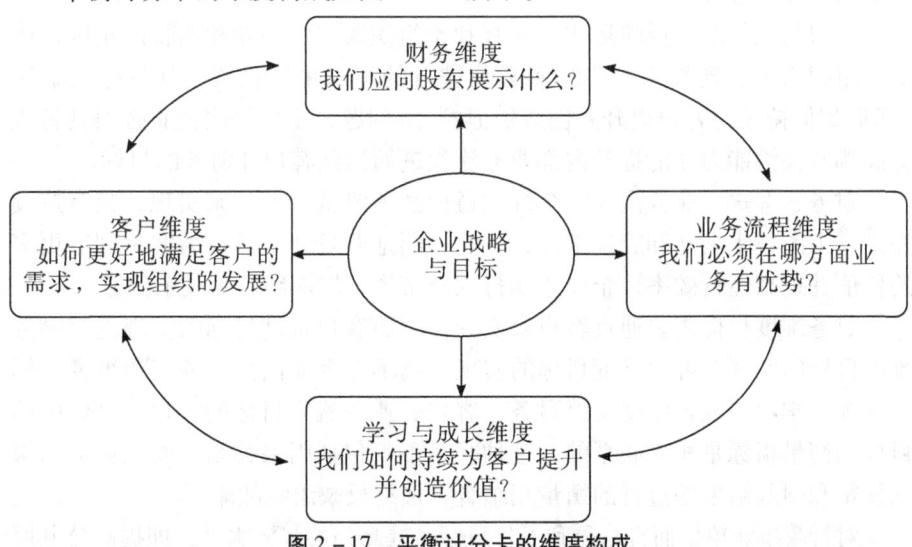

图2-17 平衡计分卡的维度构成

其中，财务维度反映来自资产所有者角度的增长、利润、风险战略，其目标是解决"股东如何看待我们？""我们应向股东展示什么？"等问题，需要解决的是"怎样赚钱、从哪里赚钱、做什么赚钱、赚多少钱？"这类问题，并衡量战略的实施和执行是否在为最终的经营成果的改善做出贡献。组织力争改善内部流程，关注学习与成长，获取客户的满意度最终都是为了提升财务方面的表现。所以说财务方面是其他三个方面的出发点和归宿。

客户维度反映来自客户角度的价值创造、差异性战略。这一维度回答的是"我们的客户是谁？""客户的需求是什么？""如何更好地满足客户的需求，实现组织的发展？"等问题，需要解决的是"做什么、通过什么方式做、做到什么程度？"客户维度让管理者确立了其业务单位将竞争的客户和市场，以及业务单位在这些目标客户和市场中心衡量指标。在客户方面重要的指标有市场份额、客户满意度、客户保有率、新客户开发率等。客户维度使业务单位的管理者能够阐明公司的客户和市场战略，从而创造出出色的财务回报。

业务流程维度反映创造客户和股东满意度的业务流程战略。业务流程着眼于企业的核心竞争力，回答的是"要使股东和客户满意，我们必须在哪方面的内容业务有优势？"的问题，关注企业在哪些流程上表现得优异才能实现战略目标。因此，组织应当甄选出那些对客户满意度有最大影响的业务流程（包括影响时间、质量、服务和生产率的各种因素），明确自身的核心竞争能力，并把它们转化成具体的测评指标。内部业务流程是公司改善经营业绩的重点。需要注意的是，平衡计分卡重视的不是单纯的现有经营过程的改善，而是以确认客户和股东的要求为起点、满足客户和股东要求为终点的全新的内部经营过程。

学习与成长维度反映形成一种有利于组织改善、创新和增长的氛围，确认了组织为了实现长期的业绩而必须进行的对未来的投资。其目标是解决"我们如何持续为客户提升并创造价值？"等问题，主要关注企业必须具备或提高哪些关键能力才能提升内部业务流程进而达到客户和财务的目标。

财务、客户、业务流程三个维度目标必须依靠"人"来实现，只有持续提高员工的技术素质和管理素质，才能不断地开发新产品，为客户创造更多的价值并提高经营效率，企业才能打入新市场，增加红利和股东价值。

财务维度目标需要通过客户来实现，因而客户维度目标的实现支撑财务维度目标的实现。客户维度目标的实现，离不开企业内部业务流程维度目标的支撑。学习与成长维度支撑财务、客户、业务流程目标的实现。BSC 中的目标和衡量指标是相互联系的，这种联系不仅包括因果关系，而且包括结果的衡量和引起结果的过程的衡量相结合，最终反映组织战略。

对行政事业单位而言，盈利不是目标，提高公共服务水平，即提高公共服务的效率和效果才是行政事业单位业务活动的总体目标和最高目标,以提升管理绩效为核心,因而行政事业单位如果运用平衡计分卡,财务作为平衡计分卡的一个维度已经不太合适,用业务效果和效率维度代替财务维度比较合适。

企业是为客户服务的,行政事业单位是为特定公众服务的,在企业中,客户作为第二个维度名称,在行政事业单位中,服务对象可以作为第二个维度名称。所以,行政事业单位可以把业务效果和效率、服务对象、业务流程、学习与成长作为平衡计分卡的四个维度。

(三) 平衡计分卡适用的企业特征

要想成功地实施平衡计分卡,发挥其本身巨大作用,首先需要清楚哪类企业适合使用平衡计分卡。有人说,大(体量)公司适合,小公司不适合,这种说法有待于商榷,有的小公司做得还可以,大公司却未必。因为这和公司管理的成熟度有关,比如制度与流程体系,尤其是系统的运营流程,流程在一定程度上代表了执行,没有执行,一切都只是纸上谈兵。

从实践经验看,平衡计分卡主要适用于具有以下特征的企业。

1. **面临竞争压力较大的企业**

企业已感知竞争的压力是企业谋求发展的内在动力,这正好是平衡计分卡得以实施的内在原因。

2. **以企业目标和企业战略作为导向的企业**

目标是企业在未来所要实现的结果,战略是一种从全局考虑谋划实现企业目标的规划,战略明确了企业要到达哪里,通过什么路径,怎么实现。平衡计分卡的成功之处就是将企业战略置于管理的中心,所以企业要应用平衡计分卡,须以战略作为企业的导向。即使企业还没有制定出有效的战略,引入平衡计分卡,也可以帮助企业重新认识和制定企业的战略。

3. **适用于民主式管理风格的企业**

在激烈的市场竞争中,采用平衡计分卡要求企业必须采取"四轮驱动"模式,即员工的积极高度参与和企业管理者的管理并驾齐驱,才能使平衡计分卡发挥应有作用。

4. **成本管理水平较高的企业**

对于企业来说,真正的利润中心在顾客那里,是顾客造就企业,而在企业内部只有成本中心才能核算出每一个顾客给企业带来的价值。因此平衡计分卡要求衡量出每位顾客给企业带来的利润是多少,这个要求在传统的成本管理方法下是不能实现的。

据美国管理会计学家卡普兰的研究结果显示:在作业成本法下,即使购买同一产品的顾客,由于其订单内的数量及订单要求不同(如交货要求),

这个顾客给企业所造成的成本是不同的，因此给企业带来的利润也是不同的。因此，在平衡计分卡里，只有引入新的成本管理方法——作业成本法，才能真正发现每一位顾客所能给企业带来的利润情况。在具有以上特征的企业实施平衡计分卡，可以有效地提高平衡计分卡实施的成功率和有效性。

（四）平衡计分卡的实施步骤

平衡计分卡在实际应用过程中，企业需要综合考虑所处的行业环境、自身优势与劣势以及所处的发展阶段、自身的规模与实力等。总结实施平衡计分卡企业的成功经验，一般包括以下步骤：

1. 培训企业高层管理者，让企业核心高管成为推行平衡计分卡的核心驱动力

高层管理者，尤其是CEO，必须能认识到平衡计分卡在战略管理和绩效管理方面发挥的重要作用，当平衡计分卡发展到比较艰难的环节时（如确定企业的KPI时），才能克服各种困难推行下去。同时，在实行平衡计分卡的过程中，CEO必须承担一定的责任，促使平衡计分卡延伸到整个企业中。

2. 建立专门的战略管理机构——企业战略管理中心

企业战略管理中心成员由企业高层、各部门负责人、人力资源部主要成员和专家组成。企业战略管理的主要职责是：

（1）企业战略的制定。制定企业战略主要负责的工作包括组织诊断和分析、组织各类战略管理会议、协助高管制定战略规划等。

（2）企业战略的执行。执行企业战略主要负责的工作包括制定及更新公司和指定层级的战略地图、向员工反复传达企业清晰的战略、跟进战略举措和行动方案的管理、对执行过程中的员工个人目标进行审查。

（3）企业战略的评价。评价企业战略主要负责的工作包括定期组织战略回顾、对战略进行反馈、构建动态的战略执行管理体系等。

高层管理者作为战略管理中心的最高领导，需要定期与平衡计分卡项目团队进行交谈，及时了解平衡计分卡项目的进度，处理相关问题。同时，高层管理者还需要定期对平衡计分卡项目参与者的建议和意见进行反馈，了解平衡计分卡的最新动态等。

3. 建立企业愿景与战略

企业的愿景和战略关系到企业最根本的宗旨、定位及方向，这决定了企业高管必须明确企业愿景和战略。为了建立愿景和战略，企业必须运用战略管理工具（比如SWOT、PEST、利益相关者分析、价值链分析等），弄清以下问题。

①企业的优点在哪里？企业长久的竞争优势是什么？

②要成功实现商业战略，哪些方面需要改进？

③什么是企业可能的机会？

④企业应该聚焦哪些关键业务？

⑤运用迈克尔·波特的竞争力量模型，分析五种竞争力量，如何防止这些重要的威胁？

⑥企业未来的战略重点应该是什么？

(1) SWOT 分析法是来自于企业管理理论中的战略规划分析方法，S (strengths) 代表优势、W (weaknesses) 代表劣势、O (opportunities) 代表机会、T (threats) 代表威胁。

SWOT 主要用来协助分析者分析特定的对象所处的内部外部环境，分别就上述四个方面加以考量、分析利弊得失，并用来对企业的内外部环境与自身战略的匹配情况进行分析，协助分析者明白自身的得失，找出问题的根源，并设计出相应的战略解决对策。

SWOT 分析需要回答的四个问题：SO——如何运用内部优势最大限度地发掘外部机会？ST——如何运用内部优势来应对或规避外部威胁？WO——新的机会产生于内部的劣势？WT——企业的劣势是什么，如何应对外部威胁？

(2) PEST 是从政治 (politics)、经济 (economic)、社会 (society)、技术 (technology) 四个方面，基于公司战略的眼光来分析企业外部宏观环境的一种方法。公司战略的制定离不开宏观环境，而 PEST 分析法能从各个方面比较好地把握宏观环境的现状及变化的趋势，有利于企业对生存发展的机会加以利用，对环境可能带来的威胁及早发现避开。

政治环境，指一个国家或地区的政治制度、体制、方针政策、法律法规等方面。这些因素常常影响着企业的经营行为，尤其是对企业长期的投资行为有着较大影响。

经济环境，指企业在制定战略过程中须考虑的国内外经济条件、宏观经济政策、经济发展水平等多种因素。

社会环境，主要指组织所在社会中成员的民族特征、文化传统、价值观念、宗教信仰、教育水平以及风俗习惯等因素。

技术环境，指企业业务所涉及国家和地区的技术水平、技术政策、新产品开发能力以及技术发展的动态等。

(3) 利益相关者分析 (stakeholder analysis) 用于分析与客户利益相关的所有个人 (和组织)，帮助客户在战略制定时分清重大利益相关者对于战略的影响。

利益相关者是指股东、债权人等可能对公司的现金流量有要求权的人。管理学意义上的利益相关者是组织外部环境中受组织决策和行动影响的任何相关者，包括员工、顾客、供应商、银行、政府等利益相关的人和组织。

（4）价值链分析法是由美国哈佛商学院教授迈克尔·波特提出来的，是一种寻求、确定企业竞争优势的工具。把企业内外价值增加的活动分为基本活动和支持性活动，基本活动涉及企业生产、销售、进料后勤、发货后勤、售后服务，支持性活动涉及人事、财务、计划、研究与开发、采购等，基本活动和支持性活动构成了企业的价值链。

不同的企业参与的价值活动中，并不是每个环节都创造价值，实际上只有某些特定的价值活动才真正创造价值，这些真正创造价值的经营活动，就是价值链上的"战略环节"。企业要保持的竞争优势，实际上就是企业在价值链某些特定的战略环节上的优势。运用价值链的分析方法来确定核心竞争力，就是要求企业密切关注组织的资源状态，要求企业特别关注和培养在价值链的关键环节上获得重要的核心竞争力，以形成和巩固企业在行业内的竞争优势。企业的优势既可以来源于价值活动所涉及的市场范围的调整，也可来源于企业间协调或合用价值链所带来的最优化效益。

使用战略地图描绘企业战略。战略地图，是一种将浓缩的战略描述语言转化为图示，使企业内所有成员都能够清晰地对战略形成统一认识的工具。这是在策略整合之后，将策略要点进行整理及建立期间关联关系的重要工具。它将战略的构成要素从财务、客户、业务流程、学习与成长四个方面告诉我们，战略可以通过哪些内容来将它描述出来。财务业绩描述了战略执行有形结果；客户价值定义了企业的差异化竞争策略；内部业务流程描述了企业如何执行战略；学习与成长描述了成功的战略执行需要的无形资产。平衡计分卡战略地图如图2-18所示。

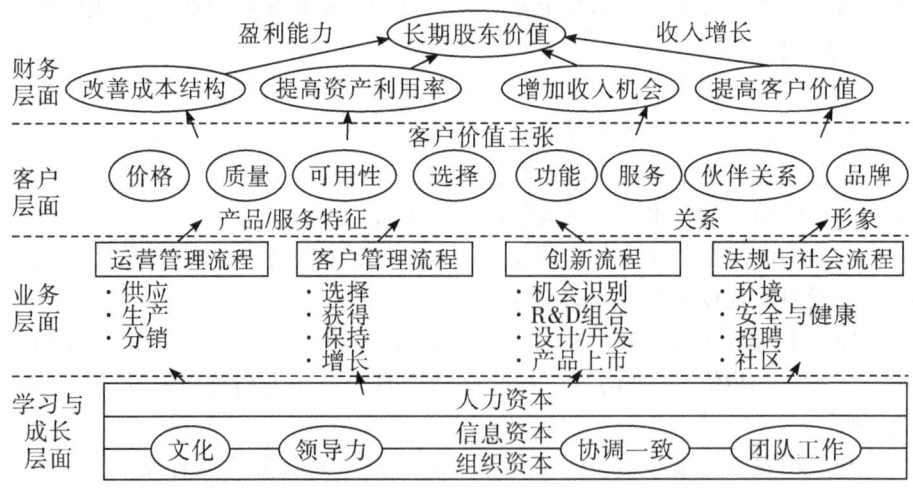

图2-18 平衡计分卡战略地图

在绘制战略地图时,对战略目标的适当的表达形式是一个动词、形容词和名词的组合,如实现最大投资回报、开发世界级员工队伍、减少行政成本等。在制定战略目标时要明确目标是对行动的陈述,是一套相互关联的首要任务,能够完成战略的实施。

4. 设计和建立公司层面绩效指标体系

本阶段的主要任务是依据企业的战略目标,结合企业的长短期发展需要,为四类具体的指标找出其最具有意义的绩效衡量指标;并对所设计的指标要自上而下,从内部到外部进行交流,征询各方面的意见,听取各方面、各层次的建议。这种沟通与协调完成之后,所设计的指标体系达到平衡,从而能全面反映和代表企业的战略目标。

具体做法是在企业做出战略地图后,要继续运用平衡计分卡将愿景和战略落实到可操作的目标中去。因此需要把战略地图转换为平衡计分卡。

平衡计分卡把组织的战略和一整套的衡量指标相联系,使企业战略有效地实施。为了使企业战略有效实施,我们可逐步把企业战略转化为财务、客户、内部业务流程、学习与成长四个方面的衡量指标,然后再在企业战略的每一个方面找到具体的核心关键成功因素,在关键成功因素的基础上应当确认关键绩效指标。每一个关键绩效指标都是某一个关键成功因素的最佳指示器,同时每一个关键成功因素必须至少有一个关键绩效指标来描述。

(1) 为财务构面设置衡量指标。

企业财务性业绩指标,能够综合地反映公司业绩,可以直接体现股东的利益,表明计划与设想是否实现,对提高股东利润有很大的贡献。我们可以把财务指标划分为四个类型:股东价值、资产利用、收入增长、成本下降。收入增长和成本下降作用于资产利用,最后成为提供给股东的最终价值。

财务方面的这些指标中,关键成功因素指标是资产利用率。中国化工集团利用平衡计分卡构建的资产利用率指标体系如图 2-19 所示,深灰色方框代表的是关键核心指标,浅灰色代表的一般指标。

需要注意的是:处于生命周期不同阶段的企业,财务衡量的重点是不一样的,具体表现如下:

①处于成长阶段的企业要进行数额巨大的投资,其现金流可能是负数,投资回报率亦很低,财务衡量应侧重于销售额总体增长百分比和特定客户群体、特定地区的销售额增长率等。

②处于发展阶段的企业应着重衡量获利能力,如营业收入和毛利、投资回报率、经济增加值。

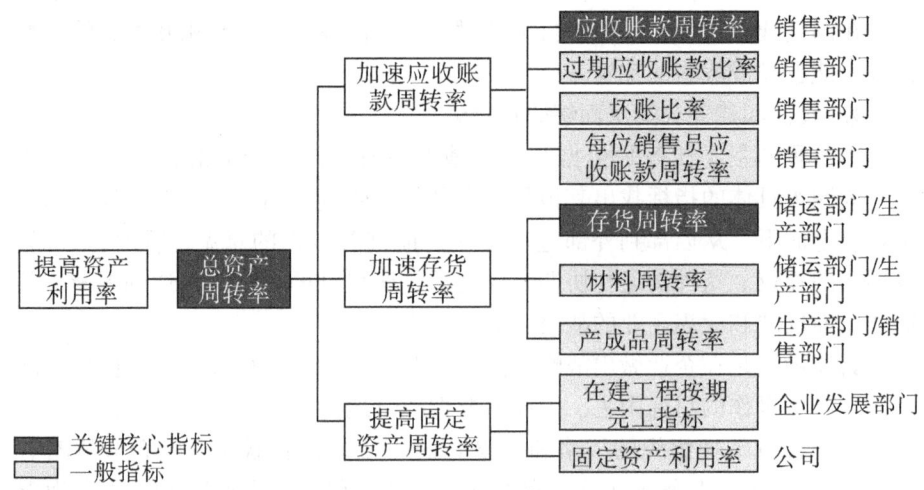

图2-19 平衡计分卡构建的资产利用率指标体系

③处于成熟阶段的企业，其财务衡量指标主要是现金流量，企业必须力争实现现金流量最大化，减少营运资金占用，单位成本占比。

（2）为客户构面设置衡量指标。

我们把客户角度考核指标分为5类，具体如下：

①市场份额：市场份额指公司在市场上占有多少份额，其考核指标是市场占有率；

②获利率：指客户的获利能力，是企业的息税前利润与总资产平均余额之比；

③赢得客户：指怎么样去获取客户，获取客户的成本高低，新客户的增长率等；

④留住客户：该考核指标通常是老客户的保留率、留存率；

⑤客户满意度：通过满意度调研评价，还可以监测客户投诉率、投诉次数等指标。

在这些衡量指标中，其中客户满意度是最关键的指标，它会驱动其他的客户考核指标，如图2-20所示，深灰色方框代表的是客户满意度指标方面的关键核心指标，浅灰色方框代表的一般指标。

（3）内部流程角度构面设置衡量指标。

遵循着"调研→寻找市场→产品设计开发→生产制造→销售与售后服务"的轨迹可以把公司的内部流程划分为3种不同的类型，分别是研发流程、经营流程、售后服务流程。在每个阶段可以设置相应的考核指标，具体如下：

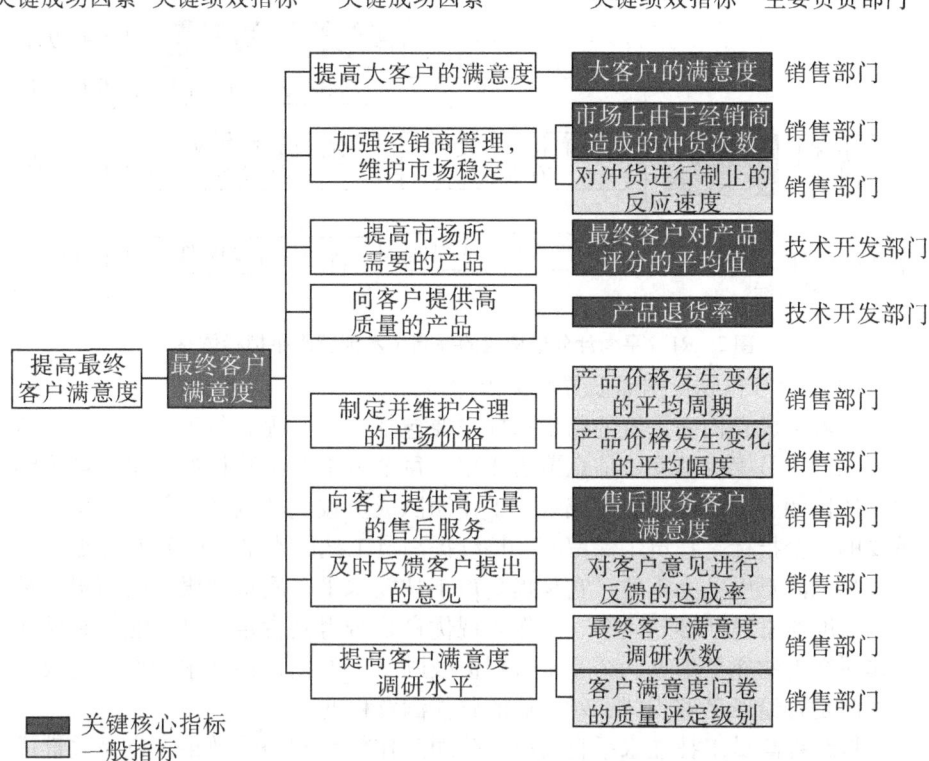

图 2-20 平衡计分卡构建的客户满意度指标体系

①产品设计开发阶段可以设置的指标：新产品销售额在总销售额中所占的比例、专利产品销售额在总销售额中所占的比例、比竞争对手率先推出新产品的比例、开发新产品所用的时间、开发费用占营业利润的比例、第一次设计出的产品中可全面满足客户要求的产品所占的比例、在投产前对设计进行修改的次数等。例如，惠普公司曾推出"时间平衡法"，以衡量产品开发部门的工作效率，总体意思是：产品开发投资必须在一定时间内收回。

②生产制造阶段可以设置的指标：标准成本和实际成本的差异、成品率、次品率、返工率等。

③销售与售后服务阶段可以设置的指标：公司对产品故障反应的速度（从接到客户请求到最终解决问题的时间）、用于售后服务的人力和物力成本、售后服务一次成功的比例等。

在内部流程构面这些指标中，关键成功因素是提高技术创新水平。如中国化工集团利用平衡计分卡构建的提高技术创新水平这个指标体系，如图 2-21 所示，深灰色方框代表的是关键核心指标，浅灰色代表的一般指标。

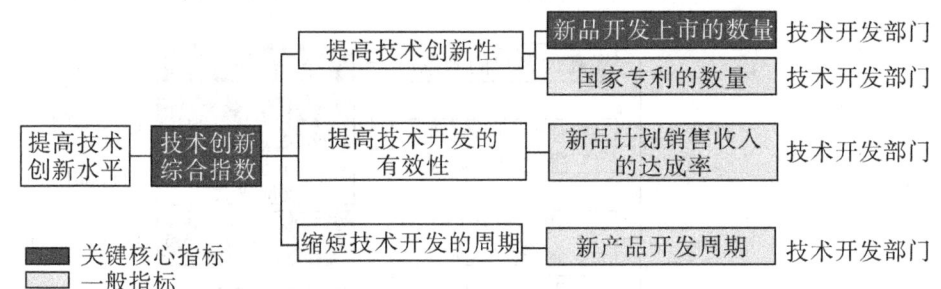

图 2-21　平衡计分卡构建的提高技术创新水平指标体系

（4）学习和成长构面设置衡量指标。

学习和成长构面设置的衡量指标主要包括：持续提高员工技能水平、员工满意度、员工保留率、信息覆盖比率、每个员工提出建议的数量、被采纳建议的比例、采纳建议后的成效、工作团队成员彼此的满意度等。其中，最重要的三个指标是：员工保留率、持续提高员工技能水平和员工满意度。

员工满意度尤为重要，它是提高员工技能水平、质量和服务的前提。员工满意度通常包括参与决策、工作表现优良是否得到肯定、是否能得到胜任工作所必需的充足信息、企业是否积极鼓励员工的创造性和主动性、行政职能部门是否给予足够支持、对企业的整体满意程度。

持续提高员工技能水平直接决定公司工作效率和经营效果，也是关键成功因素之一。中国化工集团利用平衡计分卡构建的持续提高员工技能水平这个指标体系如图 2-22 所示，深灰色方框代表的是关键核心指标，浅灰色方框代表的一般指标。

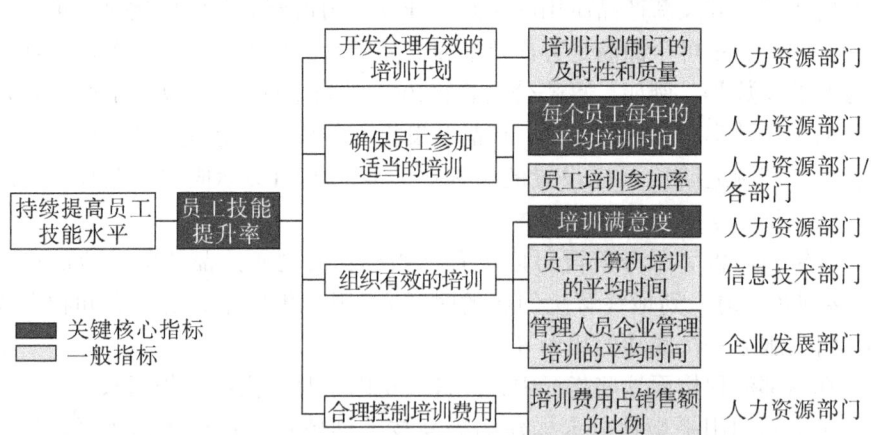

图 2-22　平衡计分卡构建的持续提高员工技能水平指标体系

依据上面步骤，可以组织经营战略转化为一系列公司衡量指标，建立起一个系统全面的公司业绩衡量指标体系。在选定绩效考核指标时，要注意以下问题：第一，要严格遵循 SMART 原则。第二，要重质量轻数量，在公司层面，指标的数量不要超过 25 个（根据公司的规模可以适当增减）；在部门层面，十几个指标（根据部门的具体业务也可以适当增减）即可。第三，考核指标要明确，一般是缺什么考核什么，考核要抓住关键绩效指标。

5. 战略目标分解，将公司战略地图分解为部门战略地图

平衡计分卡中的目标和衡量指标是相互联系的，这种联系不仅包括因果关系，而且包括结果的衡量和引起结果的过程的衡量相结合，最终反映组织战略。如图 2-23 所示，战略制定是从上到下的，但战略目标的分解是企业高层与下属双方互动的过程，需要双方有一个协商的过程，这样才能一层一层分解下去；而执行是从下到上的。

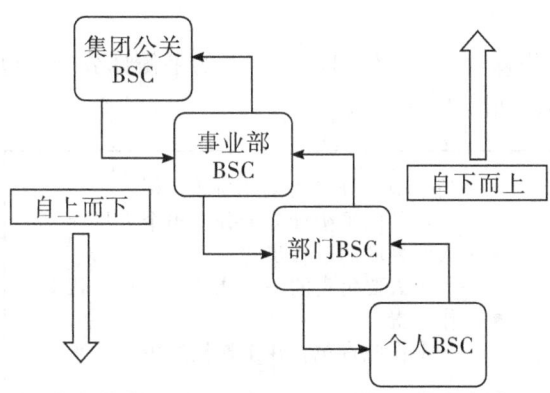

图 2-23 BSC 层级及目标分解

在进行分解时要注意，战略重点不仅要进行纵向的分解，而且要进行横向的分解，才能保证纵向的一致和横向的协调。确定横向联系目标时，仅靠一个部门的力量无法协调部门与部门之间的关系，一定要有高层的参与及互相探讨，如图 2-24 所示。

- 从公司平衡计分卡分解出来关键绩效指标（贡献指标）
- 内部客户的期望（其他部门）
  ——为实现公司平衡计分卡，从其他部门的主要需求和期望出发设计目标
- 部门独有目标
  ——为实现公司平衡计分卡设立部门目标

图 2-24 部门平衡计分卡分解示意图

6. 战略目标进一步分解，将部门战略地图分解为个人战略地图

完成部门的平衡计分卡后，在战略目标分解过程中，首先要让员工具备战略的意识，保证每个人都对战略有足够的理解，然后形成统一的目标，保证每个人都知道自己在战略中的位置和如何参与到战略计划中去，同时，与激励措施挂钩以调动每名员工的积极性。

在战略向部门及个人层面上分解的时候需要有持续不断沟通、培训的过程。在做部门平衡计分卡之前，应该向所有部门的经理以及部门的主要骨干讲授关于平衡计分卡的理论，并就公司战略图和公司的平衡计分卡展开讨论和灌输。部门的平衡计分卡完成之后，要让每一个员工了解部门的目标是如何分解的、部门的战略图是怎样的、部门的平衡计分卡是什么，然后再做个人的平衡计分卡。在理解战略及平衡计分卡的基础上，要使部门的目标与个人的目标衔接起来，让每个员工都知道如何参与到整个系统、应该做些什么以及如何去做。

将部门战略分解到员工，做出员工个人的平衡计分卡，也要注意纵向和横向的相互协调，如图2-25所示。

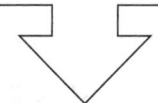

图2-25　员工个人平衡计分卡的开发示意图

纵向的分解指的是员工个人的平衡计分卡是由部门的平衡计分卡纵向分解而来的，其中包括共享目标和贡献目标两种目标类型。

横向的分解指的是企业的员工在固定的部门中进行工作外，还可能被抽调出来参与到跨部门的项目小组中去，如从各个部门抽调人员组成新产品开发小组。这时，个人平衡计分卡中就需要包含员工具体所负责的流程步骤了。

在进行纵向和横向分解后，员工个人的平衡计分卡才将员工个人的工作职责囊括进来。工作职责围绕公司及部门的战略需要不断调整，需要随时演变，这就不会出现"个人平衡计分卡与工作职责哪个先制定"的问题。在选

择个人平衡计分卡的指标时,要把握住考核的重点,指标数量最好为6~7个,不宜过多。

7. 将战略转化为持续的流程,利用绩效管理系统进行动态管理

为了保证项目的成功,使用平衡计分卡的企业每年都要进行各个层级平衡计分卡的更新,同时还要进行跟踪以观察实施的效果,将实施过程变成持续的、完整的流程。一旦建立流程,企业就可以基本独立地进行平衡计分卡项目的操作,只需咨询公司在年底给予适时的建议和跟踪即可。

形成持续的流程就是将平衡计分卡和企业战略的重要管理流程相连,主要包括三方面:一是把战略整合到计划和预算中。企业进行市场预测,根据对竞争对手的判断以及自己的战略举措,分析销售的变化趋势以及成本的构成,这就要跟战略、预算挂起钩来。二是引入新的报告系统。要实现第一方面,需要企业大量的基础数据支持,这就需要有一个集数据搜集、分析和报告于一体的绩效管理系统。三是召开管理会议,引入管理人员跟踪、讨论的新体系。在召开管理会议时,企业高层管理人员应针对报告系统所分析提供的结果,就各个指标表现出来的实际状态(出现严重的状况、未能达标但情况不是很严重或者达到指标所设定的标准等)展开讨论,最终拿出改变不良状况的行动方案。

采用平衡计分卡进行到实施阶段,需要60天左右的时间(用来收集支持会议召开所需要的数据资料),在这段时间应该召开第一次分析报告会议,报告目的有以下三个方面:第一,创造一个领导层能够积极地系统地管理战略的环境;第二,领导层能够围绕执行战略和进行战略决策讨论组织的绩效;第三,帮助组织认识在战略方面的差距,或是绩效差和需要关注的领域。

绩效管理系统还支持对历史数据的查看,还可以跟踪一些行动方案,这样就可以通过各个层级之间的因果关系挖掘出具体是哪个指标出现了问题,并且做出关于"为什么做得好""为什么做得不好"以及"建议采取的行动"等相关的分析,就可以通过IT系统及时找出问题的原因,并及时改进,实现动态的管理。

(五)平衡计分卡的利弊分析

从理论上讲,平衡计分卡以战略目标为核心,不仅是一种管理手段,也体现了一种管理思想,即只有量化的指标才是可以考核的,必须将要考核的指标进行量化;组织愿景的达成要考核多方面的指标,不仅是财务要素,还应包括客户、业务流程、学习与成长。自平衡计分卡方法被提出之后,其对企业全方位的考核及关注企业长远发展的观念受到学术界与企业界的充分重

视,许多企业尝试引入平衡计分卡作为企业管理的工具。

1. 平衡计分卡的优点

与传统的以财务指标为主的评价体系相比较,实施 BSC 的优点显而易见。主要包括以下方面:

(1) 能够避免企业的短期行为。财务评价指标往往以过去的信息为依据,无法评价企业未来成长的潜力。非财务评价指标能很好地衡量公司未来的财务业绩。如对顾客满意度的投资能够增加收入,培养顾客对公司的忠诚度,吸引新的顾客,减少交易成本,从而提高公司未来的业绩。

(2) 可以使整个组织行动一致,服务于战略目标。

(3) 可以将组织的战略转化为各层级的绩效指标和行动。

(4) 有助于各级员工对组织目标和战略的理解与沟通。

(5) 有利于员工的学习成长及核心能力培养。

(6) 有利于组织的长远发展,提高组织整体管理水平。

2. 平衡计分卡的缺点

(1) 指标体系的建立比较困难。主要表现在以下两点:

第一,实施 BSC 对企业和员工的要求都非常高。至少包括以下三个方面:一是企业要有明确的组织战略;二是高层管理者要具备极强的分解并沟通战略的意愿与能力;三是各层级管理者要具备极强的指标创新的意愿与能力。可以说,战略目标并不清晰的企业根本就不可能直接引入 BSC。

第二,确定绩效的衡量指标往往比想象的更难。BSC 对传统绩效评价体系的突破在于,它引进了非财务指标,克服了单一依靠财务指标评价的局限性。然而,这又带来了另外的问题:如何建立非财务指标体系?如何确立非财务指标的评价标准?如何评价非财务指标?

(2) 实施难度大。

平衡计分卡对战略的贯彻是基于各个指标间明确、真实的因果关系,但贯穿 BSC 的因果关系链条很难做到真实、可靠。BSC 的创立者都认为:"要想积累足够的数据去证明平衡计分卡各指标之间存在显著的相关关系和因果关系,可能需要很长的时间,可能要几个月或者几年。"而且,如果竞争环境发生了激烈的变化,原来的战略及与之适应的评价指标可能会丧失有效性,从而需要重新修订。

(3) 实施成本高。

平衡计分卡要求企业从财务、客户、内部业务流程、学习与成长四个维度考虑战略目标的实施,并为每个维度制定详细而明确的目标和指标。除对战略的深刻理解外,企业还需要消耗大量精力和时间把它分解到部门和岗位,并找出恰当的指标。即便能够最终落地,其指标可能会多达 15~20 个,这将导致在考核与数据收集时，负担很重。

另外，BSC 的执行也是一个耗费资源的过程。据统计，一份典型的 BSC 计划需要 3～6 个月去执行，另外还需要几个月去调整结构，使其规范化。因而，总的开发时间经常需要一年或更长的时间。

（4）无法解决指标数量过多以及权重分配问题。

根据 BSC 理论创立者的观点，合适的指标数目是 20～25 个（其中财务维度 5 个，客户维度 5 个，内部业务流程维度 5～10 个，学习和成长维度 5 个）。但是，如果指标之间不是呈现完全正相关的关系，我们在评价最终结果的时候，应该选择哪个指标作为评价的依据？如果舍弃部分指标的话，是不是会导致绩效评价不完整？这些都是在应用 BSC 时要考虑的问题。

综合以上分析，用 BSC 的理论和方法来考核一家公司或事业部管理高层的绩效，或许是合理有效的；但如果试图把它应用在所有的部门、层级和岗位上，将会变得十分牵强。

总之，现有的绩效考核方法都有各自的优缺点，不是任何绩效考核方法都适用每一个企业，也不是引入某种管理工具就可以代替正常的企业管理。

企业应该根据自身的实际情况来选择合适的绩效考核方法，在实际推行过程中更要做到与企业的实际情况逐步适应。只有这样，才能达到绩效管理的目的，全面提高企业的绩效水平，促进企业的健康发展。

第三章　高职院校教师绩效管理的现状分析

　　国家对于高职院校绩效管理的期待以及各院校绩效管理实际究竟如何？院校在推行绩效管理过程中主要存在哪些方面的问题？从事高职教育研究的专家学者们又如何看待这些问题？他们目前从哪些角度开展高职院校绩效管理的研究？研究有哪些层面的发现呢？高职院校自身为了提升教师绩效，在绩效管理方面做出了哪些努力？采用了哪些措施促进教师绩效提升、促进院校绩效管理水平呢？从疑问出发，编者从院校现状、文献研究、访谈发现三个方面，对高职院校绩效管理的现状进行综合研析。

一、院校现状

（一）总体情况

　　早在 2010 年，《国家中长期教育改革和发展规划纲要（2010—2020 年）》就提出"要完善目标管理和绩效管理机制"。之后，从中央到地方，出台了不少关于教育的改革意见、实施意见等，其中很多都提及了教师绩效管理或绩效评价的问题，从政策层面看，高职院校实施教师绩效管理是得到大力支持的，这也成为深化教育改革的重要一步。

　　尽管政策的指引已经到位，但从现状层面看，极不乐观。有些院校教师绩效管理形同虚设，有些院校直接将年度考核与绩效考核画等号，有些院校绩效管理体系无法发挥有效作用。总体来说，目前绝大部分高职院校的教师绩效管理存在不少问题，这些问题值得深入分析推敲，而构建相对科学合理、具有可操作性的教师绩效管理体系，对于建设现代化、高水平高职院校具有重要的意义。

（二）高职院校绩效管理的几类观点

观点一：绩效管理有效运行，离不开 5 个环节：一是绩效计划制订环节，确定关键绩效指标；二是绩效沟通与辅导环节，保证监督绩效管理过程；三是绩效评价环节，搭建评价体系，对绩效成果进行检验；四是绩效反馈环节，分析考核结果，共同找出不足与优势；五是结果应用环节，将评价结果与薪酬分配、职务晋升、评先评优等挂钩。以上 5 个环节，是一个兼顾过程与结果的管理体系。在这套体系中，各个环节相互支撑，共同发挥作用，形成一个闭环循环系统，不停地运转，带给组织发展的不竭动力。绩效评价是绩效管理体系中非常重要的一环，但这是一个偏向结果的环节，绩效管理体系运行中，过程的作用也是巨大的。绩效计划的制订是绩效管理体系运行的基础，这也直接影响到绩效考核体系的制定和实施；绩效计划实施过程中的辅导，是对绩效管理体系运行的监督和保障，能及时纠正绩效实施过程中错误的方向和发现薄弱环节；绩效考核后的反馈环节是整个体系中非常重要的一环，反馈阶段是对整个体系运行的总结和反思，在这个环节可以发现被管理者、组织者或者管理者在绩效运行过程中的问题，并提出改进意见，有助于下一轮的绩效计划制订。这个体系，不仅对企业和员工有效，对高职院校和教师同样有效，值得参照。

观点二：在目前采用最为广泛的目标管理（MBO）、关键绩效指标（KPI）、平衡计分卡（BSC）、360°考评等 4 种绩效管理工具中，教师绩效评价可以采用目标管理（MBO）＋关键绩效指标（KPI）的方式，把关键指标放入目标管理体系，重点在教学、社会服务、科研等方面分解制定关键指标，通过目标管理的方式，监督关键指标的完成过程，并对其进行绩效评价。另外，也可以采用 360°考评＋关键绩效指标（KPI）的方式，全方位的评价与关键指标评价相结合，各占不同的分值比例，共同合成最终的绩效评价结果，主客观评价兼顾，比较综合全面。

观点三：绩效管理的最终目标是让组织更快速、更有质量地完成战略目标，不断向前向好发展。在绩效管理体系中，运行过程与考核结果同等重要，绩效评价结果是阶段目的但不是最终目标，过程的积累最终达到的结果才是最终的目标。

观点四：绩效管理结果的应用，从流程上看似是绩效管理体系的末端，从另外一种角度看，也是整个体系的原动力。所以，绩效管理体系从逻辑层面来看，应该是一个"圆理论"，是一个闭环式的滚雪球。绩效管理体系可以让雪球越滚越大，让组织发展得越来越壮大，这也是绩效管理的真正效用。

观点五：绩效管理结果应用的目的，就是让组织通过绩效评价得到高质量、高速度发展，让员工通过绩效评价不断提升主动性、积极性、适应性，从而提升自身的各方面素质和能力。

观点六：高职院校不同于企业，教师不同于一般企业员工，组织和对象都存在特殊性，所以高职院校教师的绩效评价、绩效评价结果应用也存在其特殊性，不能照搬一般企业的绩效管理思想和方法来使用。

（三）高职院校教师绩效管理存在的问题

我国目前高职院校教师的考核工作，仍然停留在传统的事业单位层面和方法上，没有建立起符合现代管理制度的绩效考核体系，影响了学校的发展。笔者调查了近20所高职院校，跨度各省市，其中不乏一些国家示范校和"双高"校，在教师绩效管理问题上，有约40%的院校存在缺失，50%的院校教师绩效评价效果不佳，仅有个别院校建立了相对合理可行的教师绩效评价体系。总结来看，高职院校教师绩效评价的形势比较严峻，不容乐观，主要存在以下几个问题。

1. 教师绩效管理的意识淡薄，管理层缺乏足够的重视

据调研，多数缺失教师绩效评价的高职院校都存在一个共性问题：管理层普遍绩效管理意识淡薄，对绩效管理的效果持怀疑和否定态度。现代管理学之父彼得·德鲁克在谈及绩效管理问题时曾提出：一个企业的成功，并不在于它有多少人才，而是在于如何发挥员工的优势，让员工提升业绩，取得更好的绩效。这不仅对企业适用，对高职院校同样适用。现如今，很多高职院校把精力放在抢人大战上，千方百计吸引高层次人才，反而忽略了现有人才的管理和使用。

2. 照搬普通高校教师绩效考核体系，缺失高职院校的特点

一些高职院校照搬普通高校的教师绩效考核体系，一味寻求高等教育共同的规律，然而高职院校教师和普通高校教师相比，在授课对象、人才培养目标、实践经验要求等方面存在着一定程度的差别，这样不同的定位，就决定了高职教师的特殊性，照搬普通高校教师的一些做法一定是行不通的。高职教育面向的不是学科体系，而是技术应用型教育，培养目标是技能型人才。但是，很多高职院校在对教师开展绩效评价时，并未将"双师"素质、实践能力、校企合作等指标放入体系，而是依然把普通高校重视的科研列在了与体系同等重要的位置，忽视了高职院校自身的特点，自然而然就不会形成符合高职院校实际的教师绩效管理体系。

3. 把绩效管理等同于绩效评价，忽略了其他重要环节

很多高职院校简单地把绩效评价作为绩效管理的全部，认为只要制定了

绩效评价体系，其他的环境或者个人都会主动地去适应、满足这个体系的要求，忽略了其他重要环节，尤其忽略了绩效反馈环节。这对绩效管理体系来说，有些本末倒置，看似抓到了绩效管理体系的重中之重，实则抓的是一盘散沙，最终的效果自然不理想。

其实，绩效管理是管理学比较成熟的一套体系，而且通过企业验证可以应用于实践的实用体系。在这套体系中，各个环节都不是独立存在的，而是相互支撑、共同发挥作用的，才能形成一个闭环循环系统，才能不停地运转，带给组织发展的不竭动力。绩效考核是绩效管理体系中非常重要的一个环节，但这是一个偏向结果的环节，绩效管理体系运行中，过程的作用也是巨大的。绩效计划的制订是绩效管理体系运行的基础，这也直接影响到绩效考核体系的制定和实施；绩效计划实施过程中的辅导，是对现绩效管理体系运行的监督和保障，及时纠正绩效实施过程中错误的方向和薄弱环节；绩效考核后的反馈环节，往往是比较容易忽视，却是整个体系中非常重要的环节，反馈阶段是对整个体系运行的一个总结和反思，在这个环节，可以发现被管理者的问题，也可以发现组织或者管理者在绩效运行过程中的问题，提出改进意见，从而更好地开启下一轮绩效计划的制订。

4. 二级学院绩效管理的基础不能适应教师绩效管理的要求

高职院校的教师绩效管理，最后的管理主体、实施主体必然会是二级学院，二级学院按照学校顶层设计的思想及学校的战略目标要求，负责对教师绩效评价体系进行构建实施，然而二级学院的管理基础与绩效管理的要求不相适应，很多高职院校的二级学院存在类似学院领导层的管理意识不到位、学院的发展目标不明确、组织架构不健全、教师结构不合理、教师分类不明确等问题，这些问题常常会导致绩效管理失败或影响绩效管理的成效。因此，要达到绩效管理的理想效果，二级学院的各种基础建设、思想建设、机构建设必须先行。

5. 绩效评价缺失，将年度考核与绩效评价混为一谈

调查发现，不少高职院校在治理体系中并未实施绩效管理，对教师也未实施绩效评价，大致原因包括：一是行政管理的顶层设计没有将绩效评价列入其中；二是绩效评价推行遇到阻力，不了了之，最终又形成了你好我好大家好的所谓的"和谐"氛围；三是绩效评价体系不合实际，可操作性不强，最后绩效评价成为一纸文件。在调查中发现，不少管理者和教师本人会把事业单位人员的年度考核混同认为是绩效评价，所以很多学校也索性直接把教师的年度考核与绩效评价画等号，在涉及绩效评价相关奖励奖金发放时，也直接与年度考核结果挂钩。

6. 教师对绩效管理政策及结果的认同度低

笔者在与高职院校教师的访谈过程中，不少教师提出了对自己学校绩效管理评价政策的质疑，对绩效评价指标体系的不满意甚至反对，也有教师认为绩效评价的过程不合理。很少有教师完全赞同、完全支持自己学校教师绩效评价指标体系。被评价的群体无法在政策方面与管理者、与学校达成一致，极易造成绩效评价过程遇阻，最终导致绩效评价无法达到预期目标。

7. 教师绩效管理流于形式，效果和公平双双缺失

不少高职院校在制定教师绩效管理体系时，量化指标不多，定性评价指标偏多，这样的评价体系无法充分体现绩效评价的重心。在实际的绩效评价中，很多指标成绩都演变成了主观评价，无法真正检验教师的绩效成果，也是一种潜在的不公平，对绩效成果显著的教师不公平，对没有绩效成果的教师也不公平。这样的绩效评价，无法体现绩效管理的真正价值，无法发现教师和单位的真正问题，最后只能是为了评价而评价，让绩效评价成为一种形式。但是，只有考核评价不流于形式，才能充分调动教师的工作积极性，才能提升院校的整体绩效。

8. 绩效管理结果奖励力度不够且应用单一，缺乏实施动力

据调研，大多数高职院校的绩效分配奖励最有关联性的并非绩效评价结果，而是教师的岗位、职称、出勤天数。有很多院校对于绩效评价结果优秀或年度考核优秀的教师，只是象征性地奖励一下，不直接影响绩效奖励的分配。这样的分配方式，造成了教师和管理者对绩效评价的冷处理。再则，多数实施教师绩效评价的高职院校，普遍存在绩效评价结果应用单一的问题。薪酬奖励是绝大多数的绩效评价结果应用方式，对评价结果优秀的教师给予一次性奖金奖励是使用最多的一种方式。除此之外，其他的应用方式比较缺乏。就教师个人而言，物质奖励虽然是直接有效的一种激励手段，但并不能完全符合教师的期望，而且以奖惩为目的的教师绩效评价也制约教师的专业发展。在岗位晋升、职称评审、评先评优等这些教师职业生涯中重要的环节，并没有足够的体现和激励，按照马斯洛的需求理论来说，只能满足低阶段的需求，无法满足教师更高层次的需求，必然会导致再生动力不足，支撑不够，最终无法体现绩效评价的效果。就学校层面或二级学院而言，缺乏对绩效评价结果的综合运用，更多时候是将评价结果作为发放奖金的依据。组织层面运用缺失，就会导致绩效评价耗费了大量的人力物力，到最后无法实现通过绩效评价来提升、促进学校整体战略目标的作用，无法发挥实际效果，作为管理者，结果应用不到位，无法把绩效考核的结果与学院的发展、学院的目标建立相关性，自然无法看到绩效评价带给学院发展的变化，实施绩效评价的动力便会逐渐消失。

二、文献研究

根据教育部、财政部相关政策要求,中国特色高水平高职学校建设要形成"全员参与、人人建设"的奋斗局面,必须举全校之力,统筹资源、优化目标。但在实践中,绩效考评的重担往往沦为少数牵头人和领导的事情,"全员参与、人人建设"的氛围并未完全形成。教师作为推动高职院校发展的核心人力资源,通过绩效管理调动其工作积极性是关键。为此,笔者通过对近15年来中国高职教师绩效管理相关研究成果的分析,从研究现状及趋势来探讨高职教师绩效管理水平。

高职院校目前开始重视教师绩效管理,如何提升教师绩效成为研究的重点和热点问题。基于2004—2020年中国知网收录的关于高职教师绩效管理的49篇研究论文,从研究内容、管理理论及评价指标体系、绩效考评方式与方法等3个维度进行系统分析,发现:目前我国高职院校尚未建立系统的教师绩效管理理论体系,未形成组织管理层面促进教师绩效提升的理论支撑;绩效提升多以职称为导向,绩效目标不明确、不妥帖;年末工作总结是主要的评价方式,欠缺完善的绩效管理体系;定量分析和通用管理方法是绩效评价主流方法,行动研究、实证分析较少,通过个案探索行动方案更少。基于研究,提出当前构建问题导向和项目驱动的高职教师绩效评价理论和方法体系,明晰评价主体和评价客体,全面促进高职教师工作效率提高和绩效改善。

(一)高职院校绩效管理研究内容

通过对中国知网收录的49篇相关研究论文摘要的提取分析,发现高职院校绩效管理围绕绩效评价、评价考核、评价方法、指标体系等主要内容进行研究,如图3-1所示。

图3-1 相关研究文献摘要词云图

根据管理学的基本原理，工作绩效=f（能力×态度），这表明教师工作绩效一方面取决于教师的态度，另一方面取决于教师的能力和水平，即教师的积极性和创造性的有效发挥。组织层面的环境支持因素如何激发教师的积极性和创造性，这是绩效管理可以解决的问题。绩效管理应有倾向管理的理论作为导向，需要有效的评价方法作为支撑，目前，高职院校教师绩效考评体系还处于探索阶段。

（二）绩效管理理论及评价指标体系

对49篇高职教师绩效管理论文进行分析总结，可以发现，大多数研究是描述性的，没有理论支撑。表3-1列举出了被使用2次以上的绩效管理理论，包括平衡计分卡理论、胜任力特征模型等4种。

表3-1 被使用2次以上的绩效管理理论

理论	作者—年份	频数	占比/%
平衡计分卡理论	袁雷（2018）	4	8.15
胜任力特征模型	全国教育科学规划领导小组办公室（2008）	4	8.15
灰色关联分析理论	周春光等（2020）	3	6.12
马斯洛需求层次理论	胡碧玉等（2014）	2	4.08

总体来说，高职教师绩效管理研究的理论基础较薄弱，26%有理论依托的研究倾向于关注绩效管理的科学性和"以人为本"的理念。其中，有代表性的是周春光等人以江苏旅游职业学院为背景，运用灰色关联分析理论构建高职院校"双师型"教师绩效评价模型，并结合改进的层次分析法（AHP）与客观权重赋权法（CRITIC）确定各指标的综合权重，构建包含师德师风、教学工作、专业能力、科研工作、社会认可、个人发展6维度的高职院校"双师型"教师绩效评价指标体系。

（三）绩效考评方式与方法

在总样本中，共有50篇关系到绩效考评方法的文献，我们对考评方法的出现频数及占比进行了初步统计，发现部分研究不是单一使用一种评价方法，而是选择综合运用。从总体看，对于高职教师的绩效评价，定量分析和通用管理方法是主流办法，使用频次分别为18次、22次，比例分别占36.74%、44.89%；两所职业院校采用实证分析方法探讨教师绩效考评，使用频次为4次，占比8.16%；另外综合运用多类方法对教师绩效进行考评频次为6次。具体情况如表3-2所示：

表 3-2 高职教师绩效考评方法及具体说明

分类	方法	具体说明	频次	占比/%
定量分析方法	平衡计分卡（BSC）	通过财务、客户、内部业务流程、学习与成长四个方面指标之间的相互驱动的因果关系展现组织的战略目标，实现绩效目标—绩效评价—绩效改进的战略目标实现过程	9	18.37
	层次分析法（AHP）	一种将决策相关的因素分解成目标、准则、方案等层次，并以此进行量化和定性分析，进而做出决策的方法	7	14.29
	3E，3E+2，4E	经济、效益、效率，经济、效益、效率+公平性、回应性，经济、效益、效率、公正	2	4.08
通用管理方法	结果管理	关注最终结果，对于过程的把控容易忽视，该管理方式利于组织优化以及管理体制改革	11	22.45
	人本管理	分析问题从人性出发，绩效管理寄希望于人性的基本状况	6	12.24
	目标管理	成果导向，关注目标设定，争取个人与组织发展协同	5	10.20
实证分析方法	江苏商贸职业学院模式	"积分制管理"评价模式：通过设置的积分指标体系，将教师基本素质、职业素养和能力、专业发展、绩效贡献等方面的情况量化为相应的分值，各单项指标的积分均进入个人"绩效池"，年终按总积分或总积分增量对教师进行综合评价	3	6.12
	南京化工职业技术学院模式	本着科学性、系统性、导向性、公正公平性。在KPI理论的指导下构建含教学工作量（8%）、日常规范（22%）、服务对象评价（20%）、科研工作量（15%）、群众评议（20%）、非教学工作量（10%）和专项考核（5%）的考评指标体系	1	2.04
综合运用	综合评价方法	进行综合研究，方法搭配	6	12.24

（四）结论

综上所述，国内关于高职教师绩效管理的研究发现，目前传统的绩效管理方法占主导,绩效考评体系的建立尚处初级阶段。评价主体为各级领导、教师(自评和互评)、学生等,评价客体抑或从德、能、勤、绩、廉等方面进行,有的研究也会加入一些关键绩效指标,指标一般从人才培养质量、科学研究水平、社会服务金额等方面来进行设计,如教学排名、科研经费、导师评价等级等进行考评。这些方法虽有其合理性,但评价结论往往失之偏颇,很难实现绩效管理的目标。

第一,对于高职教师,没有明确的绩效目标或设定绩效计划的概念。无论是2006年的"示范计划"还是2019年的"双高计划",均以计划引领和项目驱动来推动高职发展,其背后的运作逻辑是问题导向与绩效管理。高职教师绩效管理应有任务驱动和问题导向。

第二,高职院校对教师绩效评价的主流方式是年末填写工作总结表,这种"以管理者为中心"的绩效管理很难实现组织发展与个人发展相统一。绩效管理真正激发教师动力,真正能实现教师及组织协同成长,应该是教师与二级学院、学校共同参与的过程,通过沟通,确立合理的绩效目标,进而实现个人、学院和学校的协同发展目的。

第三,高职院校的绩效提升方向仅有职称,这样势必会出现两极分化,对职称没有内在动机的人,找不到方向;对职称内在动机明确的人,就围着职称转,而不管部门发展目标。高职教育对教师绩效表现应该是复合的、动态的,依学校发展战略目标调整,依市场对学生技能要求的变化而变化。

第四,绩效考核评价体系是高职教师绩效管理的核心。在借鉴文献和典型案例的基础上,建立完善的绩效指标体系是首要的任务。

第五,缺乏行动研究的方法,对绩效管理过程中的操作要点和实施步骤有待系统化完善。

三、访谈发现

我们为了更全面地了解高职院校,促进教师绩效水平提升,针对学校本身创设的、利于绩效提升的环境支持现状,我们选取了15位高职教师进行了结构化访谈,访谈结构基于吉尔伯特的"行为工程模型"开发设计。

托马斯·吉尔伯特(Thomas F. Gilbert)被誉为绩效改进之父,他提出的"行为工程模型"(Behavior Engineering Model)提供了多角度诊断绩效问题的方案,为绩效改进奠定了重要的理论基础。

根据吉尔伯特的观点,信息、设备、动机是影响个体绩效水平的关键因素,他们既可以是环境支持因素,也可以是员工个体因素。具体如表3-3所示。

表 3-3　行为工程模型①

项目	信息	设备	动机
环境支持因素	**信息和数据** · 期望绩效的描述。 · 关于怎样做，工作得清楚和相关的指导。 · 对于绩效是否足够的清楚而连续地反馈	**资源、工具和环境信息** · 为满足绩效需求，计划的工具、资源、时间。 · 接触领导者的渠道。 · 充分的人力资源。 · 有组织的工作过程	**激励和后果** · 依照绩效而定的足够的金钱刺激。 · 非金钱刺激。 · 职业发展机遇。 · 绩效过差产生的明确后果
员工个体因素	**知识** · 系统化设计的培训来培养杰出的工作人员。 · 培训的机会	**能力** · 人与职位的匹配。 · 好的选择过程。 · 灵活的计划来激发符合员工的最大能力。 · 虚拟的或可见的帮助来增强能力	**动机** · 认识到员工为可获得的利益刺激而工作的意愿。 · 对员工动机的评价。 · 招收新成员来满足工作条件的现实情况

吉尔伯特主张：通过单一地改变环境支持因素，就可以提升组织绩效。而传统的组织管理者或从事人力资源工作的专家往往持不一样的观点，他们主张：需要改变的是个人，而不是去"修正"环境。

吉尔伯特阐明缺乏工作环境中的绩效支持因素是员工展现杰出表现的最大阻挠。其实绩效水平不尽如人意（更准确地说不尽如组织意）并非是人的知识、能力、动机起了关键影响。吉尔伯特认为：在组织发展中，支持绩效表现的环境因素一旦被员工感知、认可，那么员工的绩效表现就会出人意料；相反，当这些环境支持因素缺乏，即使组织花再多的钱用于员工培训，认为通过培训增进其能力训练、知识体系，员工培训也难以转化落地，难以形成真正的绩效。访谈主要目的是了解、探测受访者所在学校的环境支持因素是否能促进教师绩效提升。

（一）访谈设计

我们通过国家级店长职教集团，抽取了来自全国各地的高职院校教师共15位，运用访谈法，对行为工程模型中的影响教师绩效水平的环境层面因素

---

① 吉尔伯特行为工程模型. https://wenku.baidu.com/view/d67279766edb6f1aff001fa1.html, 2019.

（包括数据和信息、资源、工具和环境信息，激励和后果三大类）进行现状调研。访谈提纲围绕环境信息（绩效标准/指导/反馈）、环境资源（程序/资源/支持）、环境刺激（后果/激励/公平）三大层面进行设计。

访谈形式：结构化访谈。选择15位参加店长职教集团年会的教师代表作为访谈对象，开展一对一单独访谈，研究团队事先申明访谈目的及保密性，这种形式利于被访谈者畅所欲言、不受环境干扰且思维不会相互影响，利于访谈真实性及访谈整体效果。访谈前期，征得访谈对象同意，对部分内容进行录音，录音避开敏感部分。

访谈开始，由研究团队成员从前言切入谈话，研究团队成员陈述完前言之后，开始结构化访谈。前言及访谈问题如下：

前言：在做高职院校教师绩效管理实践研究时，我们团队选择的基本理论支撑是吉尔伯特的行为工程模型，吉尔伯特阐明工作环境中缺乏绩效支持因素是员工展现杰出表现的最大阻挠。其实绩效水平不尽如人意（更准确地说不尽如组织意）并非是人的知识、能力、动机起了关键影响。吉尔伯特认为：当环境支持的因素被提供后，员工就能够表现出非常杰出的水平。教师绩效得以提升，先必须修正环境，而非先修正个人。当这些支持因素没有被提供的时候，即使组织花再多的钱用于员工培训，认为通过培训增进其能力训练、知识体系，员工培训也难以转化落地，难以形成真正的绩效。本研究希望能通过环境因素的修正来促进教师绩效水平的提升，下面我们通过10个问题，来了解一下您所在的学校，相关的绩效支持因素表现情况。（特别说明：研究中所指的教师绩效不仅仅是教学工作绩效，还包括教学、科研、社会服务、专业建设、学生指导等各方面）

访谈问题：

第一，访谈对象的基本情况（学校地域、性别、职务、工作年限等）。

第二，领导会不会给你们下达明确的、可以评估的绩效任务/工作目标及标准？如果有，多久一次？你们部门是如何下达这个绩效标准的？如果没有，你觉得怎么给教师提明确的期望绩效标准比较好。

第三，对于教师的工作（包括教学、科研、社会服务、专业建设、指导学生等）是怎么样进行指导的？效果怎样？如果没有，你希望在哪些方面提供工作指导？

第四，领导是不是能及时提供与工作相关的反馈？你认为反馈重要吗？反馈的难度在哪？在学校，反馈要怎样进行才对教师有意义？

第五，学校办事（围绕跟教师绩效产出相关的教务处、科技处、财务处、学生处等职能部门）程序是否高效？是否能够避免不必要的步骤和无用的行动？贵校如果程序高效，能否举例介绍一下。如果存在问题，一般是哪些方面不合理，需要完善程序？

第六，在学校，教师要完成指定的工作任务，是不是可以获得领导、同事、跨部门充分的支持及帮助？如果得到了很好的支持，能否举例介绍一下。你认为哪方面的支持对你的工作影响最大？如果得不到支持，你最希望得到的支持是什么？

第七，教师在开展教学、科研、社会服务、专业建设、指导学生等工作时，学校提供的辅助资源以及搭建的平台有哪些？如果不尽如人意，那么哪些方面需要改善？（解释下：这里主要探讨物质方面的、有形的资源、平台等）

第八，学校是否根据优秀表现给予显著的奖励或其他隐性的鼓励？（奖励、晋升、学习的机会、更多的信任等）

第九，在学校，教师表现不佳是否存在明确需承担的后果？你觉得有必要吗？为什么？（后果大概是物质方面的惩罚、降职、降薪、晋升受阻、调岗等）

第十，工作的报酬是否公平？干好干坏有明显的差异吗？体现在哪些方面？

（二）访谈样本基本情况

访谈样本共 15 位教师，其中男性 4 位，占比 27%；女性 11 位，占比 73%。被访谈者工作的年限 1~8 年不等，其中 1~3 年的有 3 人，占比 20%；3~5 年的有 11 人，占比约 73%；8 年以上的只有 1 人，占比约 7%。他们学校所在的区域以及在学校的职务如图 3-2 所示。

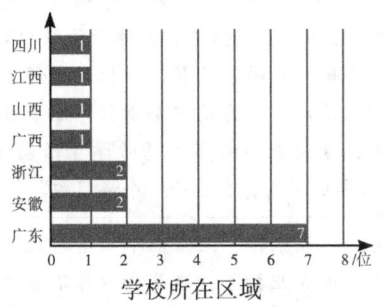 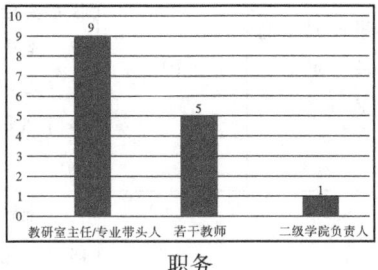

图 3-2　访谈样本基本情况

（三）访谈结论

通过对 15 个样本访谈记录进行类属分析，我们把具有相同属性的资料归入同一类别，并对这类资料进行概念命名，形成结论，进而梳理其出现的频次，配合访谈文本示例，进行呈现，如表 3-4 所示。

表 3-4 访谈结论呈现

结论	访谈文本中出现的次数（$N=15$）	访谈文本示例
教学、科研分等绩效目标明确，其他模糊	15	"教学任务每个学年有固定的标准，科研分也有量分标准，以及每一年的科研分要求……""我们学校社会服务有提要求，希望大家努力去做，但没有硬性指标……""课题我们会尽量申报，但是没有严格要求我们必须报上""科研分和教学任务很明确"……
教学指导会有督导，指导效果不明显；其他方面会有一些培训支持	12	"学校会安排督导听课，会有听课时长的规定，但是督导一两节课的听课，也不能客观指导我如何改进……""学校培训方面还是蛮支持的，舍得花钱的，但是培训之后，不能真的对工作绩效有什么作用，没有人来考核……""根本没有工作指导""外出培训机会需要争取，经费少"
与工作相关的反馈很重要，工作中关于工作改进的反馈很少	15	"很少关于工作改进的反馈""有时会简单的加以肯定""做得不好好像也没什么建议""工作反馈能让我们明白好与不好究竟在哪里，但是领导很少有时间跟我们聊这些"……
办事流程信息化，层层审批现象严重	10	"层层审批，尤其是涉及采购、建设等项目，走流程都要专业教师脱层皮""单位流程大部分已经 OA 办理，至少省去了跑腿的时间""层层审批现象超级严重，比如一些学生活动，因为怕安全责任，几乎每个部门都要走一遍，专业教师都不愿意带学生活动了""我们单位办事流程还是得靠自己一个个部门跑"
部门间协调，沟通成本大	15	"部门间的沟通协调很累，经常一个事情请教职能部门，他们无法给出专业指导，只是告诉你不能这么做，很少指导你该怎么做""部门间的协调需要看人，有的人关系好，办事就顺利些，有的人找不到熟人，就得多跑几趟""来自财务、教务等一些部门的事情有些时候好急啊，试过一天之内要填好 3 个表、2 个文档上交，事怎么会来得这么急……"

续上表

结论	访谈文本中出现的次数 ($N=15$)	访谈文本示例
科研、社会服务相对较弱，校级层面的平台或资源缺乏	15	"我们职业院校很长时间以来重视教学，教学方面的资源还算比较系统，但是相对社会服务还是靠单个教师闯市场的能力""社会服务我们学校做得不大好，主要是地方经济也不行，没有支撑""科研我们学校比较重视，也能组织统一培训，但是职业院校本身高级别的科研项目难拿下来，学校层面是否可以争取一些指标到校"
表现优秀一般会在晋升方面有所倾向	15	"评奖评优只要不是表现特别不好，也能轮上""培训学习的机会，有经费的情况下自己申请就可以了，当然经费不足时，还是会倾向于优秀的同事""能走上管理岗位的肯定还是肯付出，也能干出一定成绩的同事"
待遇跟职称高度相关，只要不违反相关制度，就不会面临惩罚，干得不好，不出成绩，未能体现在待遇差距上	15	"我们学校在待遇方面还是跟职称挂钩，既定教学工作量完成，你是不是花时间在专业建设上，待遇也是固定的那个数""科研做得好，会有奖励，社会服务项目来了，也有劳务费发放，但是你没做这些，也不会让你的待遇降低""守住底线，不出教学事故，不会有惩罚"

从整理出的访谈结论我们可以看出：环境信息（绩效标准/指导/反馈）、环境资源（程序/资源/支持）、环境刺激（后果/激励/公平）等影响教师绩效水平提升的环境支持因素，除了在教学层面环境支持因素比较健全外，在教师绩效的其他方面，高职院校的环境支持因素并不被重视。具体表现在以下方面。

第一，教学层面的相关支持因素比较健全。如教学方面的清晰的绩效标准、督导、事故的界定、培训、资源和平台支持等都已得到访谈对象的普遍认同。

第二，科研、社会服务没有明确的绩效任务，能者多劳，靠教师自己争取。科研、社会服务有奖励、劳务费支付保障，有能力的教师多产出，能力不够的教师也没有绩效压力。

第三，专业建设、学生指导等相关工作没有明确的绩效任务，也没有对应的奖励、劳务费等支持，干得少不会有绩效压力，干得多也不会在待遇上有所体现。

第四，根据现状，为了激发教师干劲，同步在教学、科研、社会服务、专业建设、学生指导等方面提升教师绩效，我们需要知道：首先做好绩效目标设定工作，能把院校、部门、教师本人的发展目标紧密协同起来。其次设定具体考核指标，能帮助教师明确工作努力的方向。帮助教师明确其工作的重心是什么，有利于教师专注领域，致力于对学院、部门绩效最有帮助的工作。然后做好绩效反馈、面谈，各级领导可以利用及时准确的绩效信息，实时监控绩效状况并做出客观的指导、支持决策，帮助教师进一步改善绩效。再者做好绩效管理工作，能为教师激励提供客观依据。明确对什么样的员工进行激励，不同绩效考评结果的人激励程度有何差别。最后建立高效执行的校园文化。"强调业绩导向，重视执行成效"既是绩效管理的要点，也是现代校园文化建设需注重的核心。

第四章 高职院校二级学院教师绩效管理的行动探索

二级学院绩效管理是整个院校绩效管理的关键,是做好高职院校绩效管理制度改革,提升教师绩效水平最重要的环节。面向二级学院教师主体如何实施绩效管理才能促进绩效提升?这是本研究致力解决的关键问题。教师绩效提升与学校发展目标的协同程度,适应教师群体的绩效管理工具,不同类别的教师选择的差异化考核指标体系,各类考核人员的责任,绩效管理的具体操作流程……二级学院教师绩效管理实施过程中,围绕这些方面逐一厘清、探索行动,对提高管理水平和促进教师绩效有非常重要的价值。

一、绩效管理适用对象

高职院校各二级学院是行动探索环节的适用对象,且二级学院对于教师绩效的界定范围涵盖教学、科研、社会服务、专业建设、学生指导等各方面。

各二级学院在探索教师绩效水平提升行动之前,应充分意识到绩效管理的重要性。各二级学院应该在学校总体发展战略基础上,提出学院明确的发展规划。并且在对学校及学院自身发展战略充分理解的基础上,通过对二级学院绩效管理现状的分析(绩效管理现状的分析可以参照图4-1执行),有意愿构建一套全新的绩效管理体系,从学校发展战略目标出发,将目标分解到二级学院以及各专业教研室,并且将二级学院以及专业教研室的发展目标同教师个人的工作计划紧密联系起来。

绩效管理体系现状	现状分析
绩效理念与体系：倡导"积极、进取、分享"的绩效文化，有初步的考核，但未成体系、无规范制度	缺乏系统的业绩评价和绩效管理机制
计划目标设定：教师个人对学校及二级学院发展战略模糊，没有绩效目标设定概念	教师需明确学校及二级学院阶段性发展战略，为支持学校及二级学院发展，个人围绕各绩效领域，可实现目标是什么
过程监控指导：过程监控以月度财务支付进度为主，对教师个人绩效的考核缺乏对比量化分析，对教师的指导较弱	缺乏沟通、指导机制，对于达到目标的实践需要进行提炼；对于没有达到目标的人员需要进行指导，重点在分析
结果考核评价：教师教学工作规范、教学工作量、职称、年度总结等	忽略教师个人发展与学校、二级学院战略发展目标的结合
考核结果应用：绩效考核仅与极少的年度评优奖金相关，教师干得好与不好，根本拉不开差距	考核目的在于提高二级学院以及教师个人的绩效水平；将绩效结果同教师发展结合

图 4-1 教师绩效管理现状的分析

二、绩效管理行动总则

二级学院致力于提升绩效水平，营造以绩效提升为导向的管理文化，使全院上下所有教师明确组织对他们的绩效期望，了解他们自身的绩效表现，收获领导的绩效指导及反馈，最终能有效促进学院发展与个人成长的高度协同。

（一）绩效水平提升，离不开指导性原则

在访谈当中，我们发现不少院校很少会对教师谈绩效管理，在高职院校的实际工作当中，教师群体的普遍反映是：上好课，满工作量，我这个职级该拿多少工资就是多少……因此缺乏系统的业绩评价和绩效管理机制；同时，教师群体也不清楚绩效管理体系，对推行绩效管理的真正目的也缺乏认知，因此二级学院致力于提升教师绩效水平，构建绩效管理体系，必须保证

全院上下明确这项工作的基本指导性原则。

1. 绩效目标逐层分解，明确其内容及标准

绩效目标内容就是指每个人应该重点做哪些事情，绩效目标标准就是指重点要做好的这些事情的衡量标准，同时要明确绩效目标不是教师个人根据自己兴趣提出来的，而是围绕学校发展愿景、规划、战略，结合二级学院发展战略，经过二级学院管理层与教师个人沟通、协商，最终达成一致意见，共同制定出来的。

2. 辅导、指导贯穿绩效提升过程，致力于协同提升教师个人绩效和组织发展绩效

绩效管理的目的绝不是为了惩处教师，而是为了提升教师水平。如何助其提升绩效水平，二级学院的管理者需要定期与教师进行绩效沟通，讨论有关工作进展、分析潜在问题、寻找解决方案、提供资源支持、沟通行动计划等。

3. 重视事实和数据，二级学院管理者、评价者和教师共同承担考核责任

绩效评价者应该是被评价对象的上一级领导或者是项目负责人，他们对被评价对象的绩效考核和指导负责。他们需要对教师绩效目标的完成情况提供客观事实和数据。

4. 强制分布原则，不能机械地均匀分布每个专业教研室

绩效等级的比例实行强制分布，高绩效团队获分配的高绩效等级的教师比例就多，不能机械地均匀分布每一个专业教研室。

5. 绩效同职业生涯发展关联

个人职业生涯发展同学校、二级学院、团队绩效，以及个人的表现挂钩。弱化绩效结果与奖惩的关联。

（二）绩效导向：从目标管理开始

在学校的发展过程中，每一个二级学院要明确：二级学院管理是不是有质量，就看我们是不是高效率地实现了与学校发展高度契合的目标。这里要厘清一点：教师个人目标服从二级学院整体发展目标，二级学院发展目标符合学校发展战略，短期目标服从长期目标。

二级学院在探索教师绩效水平提升行动路径时，一定要深刻理解学校不同阶段的战略发展规划，本学院的发展规划必须与学校远景、规划紧密联系，并且要将校级、院级的远景、规划、战略通过各种形式与教师进行沟通、传达，确保教师绩效目标更聚焦于院系、学校发展。

在二级学院，我们如何对教师个人进行绩效目标管理和量化评价呢？二级学院的管理者和教师个人如何就目标达成一致呢？在操作中，我们的探索

是：二级学院管理层及专业负责人采用平衡计分卡（BSC）确定绩效内容和绩效标准；骨干教师采用目标和关键成果指标（OKR）来确定绩效内容和绩效标准；新进教师通过岗位相关标准确立绩效内容和绩效标准。

（三）确立绩效管理体系的四层考核模式

根据以战略目标为导向，以绩效为本，操作简单，强调效率的原则，二级学院的绩效考核可以参照四个不同层次的考核模式，如图4-2所示。

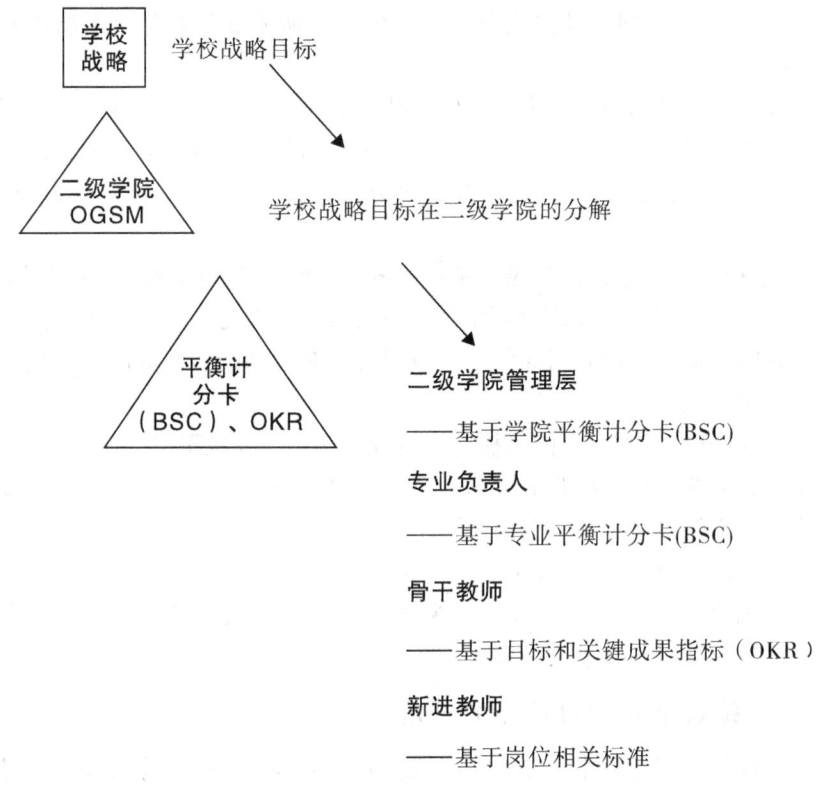

图4-2 二级学院绩效管理四层考核模式

各层考核模式是根据岗位的性质、责任、工作内容及其对学校、二级学院及本专业教研室的影响来进行划分。

◆ 学校的整体战略目标需要通过每个教师的努力才能达到。

◆ 二级学院平衡计分卡（BSC）、专业负责人平衡计分卡和骨干教师基于目标和关键成果指标（OKR）或者岗位相关标准会联系在一起，以达到学校的战略目标。

◆ 专业负责人的平衡计分卡与学校的战略目标以及二级学院的平衡计分卡紧密联系。

◆ 通过设定目标和关键成果指标，二级学院、各专业的平衡计分卡绩效内容将分解到骨干教师。这些目标和关键成果指标将成为骨干教师的绩效考核衡量标准。

◆ 每个教师应该清晰地了解学校、二级学院及所属专业的目标。

◆ 每个教师应该清楚地知道他们的目标和他们为达到目标而要做出的贡献。如：

（1）我的岗位职责是什么？

（2）我需要具体做什么才能帮助本专业、二级学院乃至学校达到战略目标？

（3）我的工作表现怎样？

（4）我怎样才能表现更好？

（5）我怎样才能成功？

对于二级学院绩效管理的四层次考核对象的设计，具体如表4-1所示。

表4-1 二级学院四层次考核对象

绩效考核层次	考核依据	考核对象	职称	所在专业	备注
二级学院管理者	二级学院BSC				
专业负责人	专业BSC				
骨干教师	目标和关键成果指标（OKR）				
新进教师	岗位相关标准				

注：表中二级学院BSC代表了二级学院管理层的考核标准（可参阅附录三的绩效管理表1），"考核依据"栏中的专业BSC代表了专业负责人的考核标准（可参阅附录三的绩效管理表2），目标和关键成果指标代表了骨干教师的考核标准（可参阅附录三的绩效管理表3），岗位相关标准代表了新进教师的考核标准（可参阅附录三的绩效管理表4）。

岗位相关标准代表了所有教师的最低考核标准，岗位相关标准适用《教师工作量办法》《教师行为规范》等底线性制度、文件。岗位相关标准可以考核新进教师的工作行为和态度。

但需明确的是，哪些岗位才适用上述的附录三中的绩效管理表3和绩效管理表4呢？专业负责人可参考以下四大原则，视岗位具备下述特点或影响力的多少来决定该岗位人员是否适用绩效管理表3。

原则一：以岗位职责为基础而不是以行政级别的高低或者岗位名称为

基础；

原则二：专业负责人的直属下级；

原则三：虽然不用对专业 BSC 的各项指标的达成直接负责，但透过完成自己的目标，可帮助专业达成 BSC 的指标；

原则四：具有以下任意特点或在以下方面有影响的岗位。

◆ 编制内教师。

◆ 从事教育工作满 3 年（含 3 年）以上。

◆ 除专业教学外，在其他专业领域（如课程建设、社会服务、科研、校企合作、指导竞赛等方面）能独立承担工作。

◆ 可以承担其他教师的培养发展工作。

除附表 1、附表 2、附表 3 适用对象之外的其他教师，都适用附表 4 的考核标准。

那么，如何设定目标和关键成果指标呢？

一般有以下几种不同类型的目标设定：

◆ 常规任务。

◆ 变化的任务。

◆ 重复性的任务。

◆ 基于项目的任务。

比方说，二级学院四层次考核对象，不管哪一层次都会有常规的任务，如教学任务、科研分值，且目标基本有制度文件的具体规定。在任何情况下，教师岗位的目标和关键成果指标（OKR）应该总是和二级学院 BSC 相联系的。

三、绩效管理参与者的角色和责任

二级学院要提升绩效水平，需要搭建系统的绩效管理体系，参与绩效管理工作的人员及相关职责我们需要明确并清晰界定。主要包括二级学院负责人、被评估人、考核人（直属上级或项目负责人）、审阅人（具体考核项目的二级学院分管领导）、组织人事部门。

(一) 二级学院负责人

二级学院负责人绩效管理职责如图 4-3 所示。

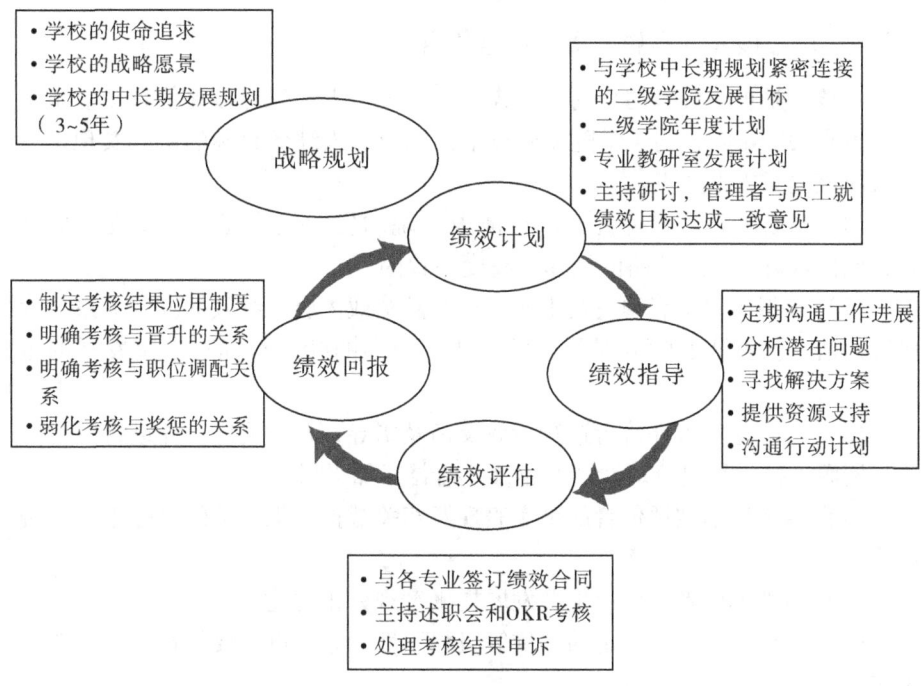

图 4-3 二级学院负责人绩效管理职责

（二）被评估人

被评估人须清楚了解其岗位相关标准、目标和关键成果指标或其平衡计分卡的具体内容。学院负责人有责任通过一些会议或其他公示形式定期公布、分享一些信息，被评估人同时必须对以下方面承担主要责任，不能在绩效结果出现问题的情况下，找各种理由推卸自身责任。具体内容如下：

（1）关注并充分理解学校中长期发展计划、二级学院发展目标及本专业年度发展计划。梳理工作重点，并承诺通过沟通就工作目标达成一致。

（2）被评估人结合专业或者二级学院发展战略及年度计划，运用 SMART 法则，主动提出符合 SMART 原则的工作目标，重点考量该目标是否具挑战性而又切合实际。

（3）在实现目标提升绩效的过程中，能主动建言献策，为达成工作目标而努力。

（4）能主动反馈工作进度及困境，主动寻求资源支持等其他能解决问题的方法。

（5）能客观听取评价人的反馈及建议，愿意为提升绩效做改善。

(6) 其他，可沟通后补充的内容。

(三) 考核人（直属上级或项目负责人）

考核人是被评价者的直属上级或者项目负责人，他对被评价者绩效水平提升负有关键影响，为了学院发展战略目标及个人绩效目标的协同实现，考核人应该注意以下几点。

(1) 确保自己及被评价者已经清晰学院的发展战略尤其是年度发展计划，确保双方对发展战略的认知是高度一致的。

(2) 确保被评价者明确其本职工作与其绩效内容及绩效标准的关系。确保被评估人已经清楚学院对他们的期望，他们的绩效目标对学院发展的重要性。

(3) 适时地对被评价者进行绩效反馈及指导，及时响应，并进行问题分析、资源支持，给出行动计划的建议并监督，加强指导。

(4) 客观搜集被评估者的事实表现及相关数据，根据绩效目标进行客观评价。

(5) 为被评价者的职业生涯发展提供客观公正的建议。

(6) 严格执行学院制定的评价等级强制性分布比例，要呈现等级，弱化排名。

考核人（直属上级或项目负责人）绩效管理职责如图4-4所示。

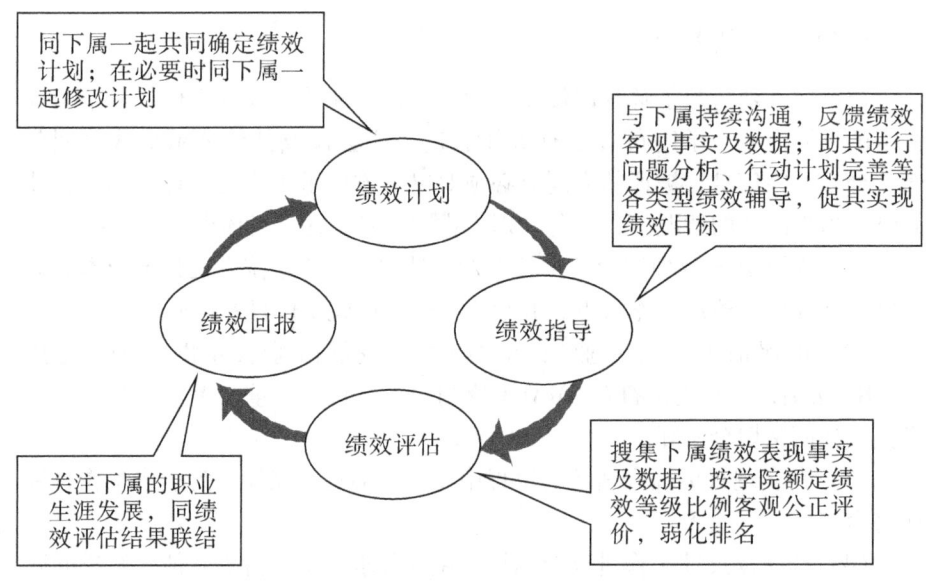

图4-4 考核人（直属上级或项目负责人）绩效管理职责

（四）审阅人（具体考核项目的二级学院分管领导）

审阅人是把好绩效考核结果质量关的关键一环，为了实现二级学院发展战略及目标，审阅人应支持和协助考核人做好被评价人的绩效考评工作，帮助被评价人提升绩效水平。审阅人在绩效管理过程中应该做好以下几点。

（1）在考核人与被评价人绩效目标不能达成共识阶段，审阅人要及时支持、指导，助其就绩效内容、绩效标准达成共识。

（2）严控绩效评价质量，为客观、公正评估把关。尤其重视一些绩效考核结果有争议的情况，对其做出高效反应。

（3）科学评估考核等级强制比例。考核结果用等级呈现，弱化排名，弱化与奖惩的关联，鼓励挑战。

（4）关注学院全体人员的职业发展，对照学院发展战略及目标综合分析全体人员的绩效表现，明确差距，制订发展计划。

（五）组织人事部门

组织人事部门在二级学院的绩效考核管理实施过程和体系规范搭建过程中充当支持者和专家的角色，在二级学院绩效管理过程中应该做好以下几点。

（1）根据学校发展需要，审核二级学院绩效考核程序是否规范。

（2）针对二级学院绩效管理过程中可能出现的投诉情况，组织人事部门参与协调，客观检查绩效考核结果，并给出指导建议。

（3）规范二级学院绩效管理工作，归档整理二级学院全体当事人签名确认的绩效管理文案，降低事后争议风险。

四、绩效管理工具在教师绩效管理中的应用

本研究中采用的绩效管理工具是从企业绩效管理实践中总结开发出来的，经过前期的文献研究，发现在院校教师绩效管理工作中也证实这些工具有效且可操作。在第二章绩效管理的理论工具中，我们重点介绍了绩效管理常用工具，并对操作过程中的关键注意事项及优劣分析做出了阐述。在这一部分，我们将介绍在高职院校各二级院校教师绩效管理工作中使用的绩效管理工具，并结合院校工作实际，指出在使用这些绩效管理工具时应注意的问题。

(一) 发展战略明晰 (OGSM) 应用

发展战略明晰是指对组织战略自上而下纵向分解、量化执行的一个过程，它是对组织战略逐步分解的总结和描述，可用 OGSM 表示。OGSM 各字母表示的定义如下：O（objectives）表示目的；G（goals）表示目标；S（strategies）表示策略；M（measures）表示衡量。下面我们来梳理每一个部分操作时的关键注意事项。

1. 目的 (O)

目的在发展战略明晰这个工具中，具体指的是组织愿景、发展使命，比如企业需要达成什么、致力成为什么、持续努力的方向等，通常需要长时间坚持。如组织愿景中提及的目的，3~5 年发展规划中提及的目的。对这一部分的描述，尽可能聚焦在关键、核心领域。目的通常来自于组织发展的使命、展望未来的蓝图、管理层的发展方向及策略。比如：成为与零售行业龙头企业紧密联结的商科人才培养高地；成为全国领先的，能引领现代学徒制、商科职教课程改革的高水平专业。

2. 目标 (G)

目标是围绕目的设计出来的系列量化指标，目标的设计一定要遵循 SMART 原则（具体、可衡量、可实现、相关、有时限的），并且注意要有一定挑战性。目标需要紧紧关联组织聚焦的关乎组织发展的关键、核心领域，唯有聚焦，才能高效完善地推行。目标必须可以量化，能追踪其实施效果。比如：现代学徒制项目办学效果省级验收评价良好及以上；商科职教课程改革 5 年内取得一项国家级教学成果奖项……

3. 策略 (S)

策略是实现目标的落地方案，为了达成目标，要一步一步走流程，一件一件完成事情，一个个的表单、工具加以辅助等，这一步是落地的关键。通常我们会从业务策略和组织策略两大部分来落地。业务策略是指我们要做哪些关键事情，达成目标。组织策略是指我们要如何合理配置资源帮助实现业务策略。比如：要实现现代学徒制项目办学效果省级验收评价良好及以上这一目标，我们要做哪些事情，才能达成这一目标呢？关键事情有哪些？就是梳理业务策略的过程。如图 4-5 所示某二级学院在为实现某一具体目标探索业务策略的思维过程。

4. 衡量 (M)

衡量是监控业务策略、组织策略是否落地，是否能高效转化目标，实现目的的环节。衡量需要适时追踪、可以尽量用图表的方式来分析各项工作落

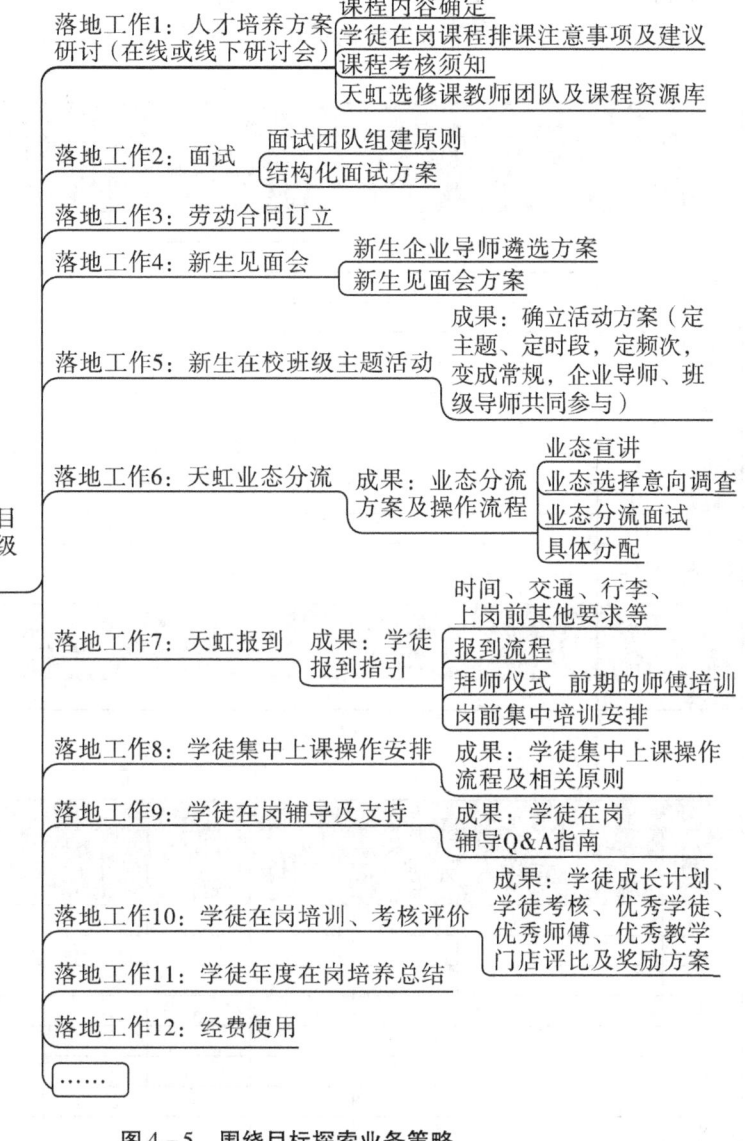

图 4-5 围绕目标探索业务策略

地情况、存在的问题以及出现的偏差。比如：要实现现代学徒制项目办学效果省级验收评价良好及以上这一目标，我们做的系列事情已经通过梳理，业务策略明晰了，接下来的事情是怎么衡量这些事情已经达成。我们可以参考跟执行力相关的一系列管理表单来衡量各项工作的落地情况，其实这一部分就是执行力的比拼，组织配置了人力、资源等全力以赴推进某些具体工作，那么效果如何，是不是能促进目标实现，就是落地执行力的问题。如图 4-6

所示提供了系列执行力相关的管理表单,我们在衡量策略是否能转化目标实现时,可以参考这些表单来设计衡量环节所使用的工具。

<table>
<tr><td colspan="7" align="center">工作分解汇总表</td></tr>
<tr><td rowspan="14">工作分解</td><td>阶段</td><td>阶段任务</td><td>负责人</td><td>所需人/财/物</td><td>涉及部门人员</td><td>备注</td></tr>
<tr><td>1</td><td></td><td></td><td></td><td></td><td></td></tr>
<tr><td>2</td><td></td><td></td><td></td><td></td><td></td></tr>
<tr><td>3</td><td></td><td></td><td></td><td></td><td></td></tr>
<tr><td>4</td><td></td><td></td><td></td><td></td><td></td></tr>
<tr><td>5</td><td></td><td></td><td></td><td></td><td></td></tr>
<tr><td>6</td><td></td><td></td><td></td><td></td><td></td></tr>
<tr><td>7</td><td></td><td></td><td></td><td></td><td></td></tr>
<tr><td>8</td><td></td><td></td><td></td><td></td><td></td></tr>
<tr><td>9</td><td></td><td></td><td></td><td></td><td></td></tr>
<tr><td>10</td><td></td><td></td><td></td><td></td><td></td></tr>
<tr><td>11</td><td></td><td></td><td></td><td></td><td></td></tr>
<tr><td>12</td><td></td><td></td><td></td><td></td><td></td></tr>
<tr><td>13</td><td></td><td></td><td></td><td></td><td></td></tr>
<tr><td colspan="2">工作汇总</td><td>完成情况</td><td>检收人</td><td>实际支出人/财/物</td><td>成果效益</td><td>经验教训</td><td>其他</td></tr>
<tr><td colspan="2"></td><td></td><td></td><td></td><td></td><td></td><td></td></tr>
</table>

(1)

编号	工作内容	派发人	接收人	派发时间	预期完成时间	监督检测人	完成情况	备注
	工作派遣单							
1								
2								
3								
4								
5								
6								
7								
8								
9								
10								
11								
12								
13								

(2)

每周工作总结表						
部门：			姓名：		日期：	
星期	预期工作	已完成工作	未完成工作	未完成原因	工作成果验收人	亟须改进的地方
星期一						
星期二						
星期三						
星期四						
星期五						
星期六						
星期日						

(3)

员工执行力自我评价表	
部门：　　　　　姓名：	日期：
标准/要求	自我评价打分（每项满分为10分）
自动自发，积极工作	
注重细节，工作认真不马虎	
为人诚信负责，不推诿敷衍	
善于分析判断	
应变能力强	
乐于学习、求知	
具有创意	
有韧性，对工作投入	
人际关系（团队精神）良好	
求胜欲望强烈	
自我评价结语：	

(4)

图4-6　衡量环节可参考管理表单

OGSM这个绩效管理工具非常强大，是一种帮助管理者在明确使命的前提下，集中几个关键领域，设定可量化目标，并探索实践落地策略，加以监控，持续追踪，高效执行达成目标，实现使命的全过程。

（二）平衡计分卡（BSC）应用

平衡计分卡作为绩效管理的权威实用工具，帮助组织打造了财务、非财务指标，长短期目标，结果、过程性指标，内外部群体等多方面的平衡。在此我们将通过借鉴企业平衡计分卡的应用实践，探讨二级学院如何操作平衡计分卡来实施教师绩效管理工作。

1. 帮助组织打造多方面的平衡

（1）平衡组织绩效的财务指标与非财务指标。

很多的组织关注收益、关注市场，认为这些是发展硬指标，往往不重视员工成长、不重视机制建设,殊不知,这些软肋终究遏制收益指标。平衡计分卡正是关注到了这一关联影响,因此做到了指标兼顾,给组织发展带来一个良性循环的环境。

(2)平衡组织发展的长期目标与短期目标。

平衡计分卡是依据组织发展战略逐步分解而形成的四层面指标,因此平衡计分卡必定与组织发展的长期目标高度关联,同时逐步实现各项指标。

(3)平衡组织发展的结果性指标与过程性指标。

财务指标多属结果性指标,过程性指标就是围绕组织经营发展,为实现结果的一些过程性控制指标,如员工的学习与成长、机制的建设等。

(4)平衡维系组织的内部群体与关联群体。

关系到员工和内部机制的组织属于内部群体,关系到客户及其他业务或价值关联方的组织属于外部群体,平衡计分卡会把这两部分群体间利益加以平衡,进而提升组织绩效。

平衡计分卡在广泛应用中,我们能发现,它通过客户层面、内部运营层面、学习和成长层面的各项评估指标的完成,最终实现财务指标。

2. 构造平衡计分卡的基本思路

本研究通过以下四个步骤来构造学院的平衡计分卡。

(1)设定财务层面目标。

依据学院发展战略,依照实现战略目标相关的各项财务措施为基础,确定为实现财务目标可能采取的各项行动。

(2)设定客户层面目标。

客户层面目标可以依照这个逻辑来设计:"我们打算完成上述财务目标,我们需要客户或消费者怎么样看待我们,客户或消费者对我们的期待有哪些?"

(3)设定内部业务流程层面目标。

内部流程层面目标可以依照这个逻辑来设计:"我们必须为客户或消费者带来价值,他们才能够帮我们实现财务目标,那么保障能为客户或消费者带来价值,我们的内部过程要有哪些调整、完善呢?"

(4)设定学习与成长层面目标。

学习和成长层面目标可以依照这个逻辑来设计:"哪些是组织为了实现长期绩效而必须要进行的?哪些是服务客户、优化内部流程、实现财务绩效的基础?"

本研究在运用工具时考虑到平衡计分卡(BSC)及目标和关键成果指标(OKR)在企业的应用实践,经过文献整理及头脑风暴,决定:二级学院负责人层面采用平衡计分卡(BSC),教师系列围绕 BSC 分解具体可操作的工作目标,用目标和关键成果指标(OKR)进行绩效管理。

3. 借鉴企业平衡计分卡应用实践,探索二级学院负责人层面 BSC 的具体设计

(1)财务层面企业应用实践与学院具体设计。

对企业而言,财务层面关注的是股东价值、成长、效率提升等方面。

首先,股东价值是组织必定追逐的战略目标,关系到这个组织的持续发展动力。在企业,股东价值一般可以通过经济增加值(EVA)、投资回报率(ROI)等指标反映。

对于政府公办教育事业单位,我们应努力实现、努力创造的反映股东价值的财务指标有哪些?我们梳理发现:学校隶属市教育局,市局希望我们追逐的目标就是主管单位进一步支持我们成长发展的价值点。因此不难发现:办学水平排名、政府支持经费额度都是主管单位价值类财务绩效指标。

其次,于企业而言,成长是指通过开拓市场、开发产品等方面增加的营收来源。对于政府公办教育事业单位,我们可以开创的营收来源有哪些?可以通过科研、社会服务、学生规模扩张等方面来增加营收来源,但是依据学校发展规划中提及的内涵式发展道路,学生规模扩张与目前战略发展不符,所以可以通过前两个途径来增加营收来源。

最后,于企业而言,效率提升是指降低成本,提高资产利用率。对于政府公办教育事业单位,我们可以从哪些方面来提升财务效率呢?可以降低生均成本,可以提高财务预算支付能力。

我们把一般企业与学院财务层面设计制作成图 4-7。

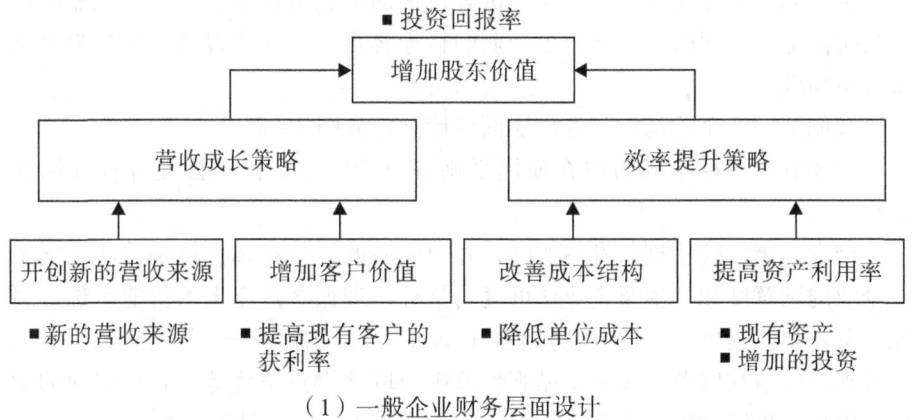

(1)一般企业财务层面设计

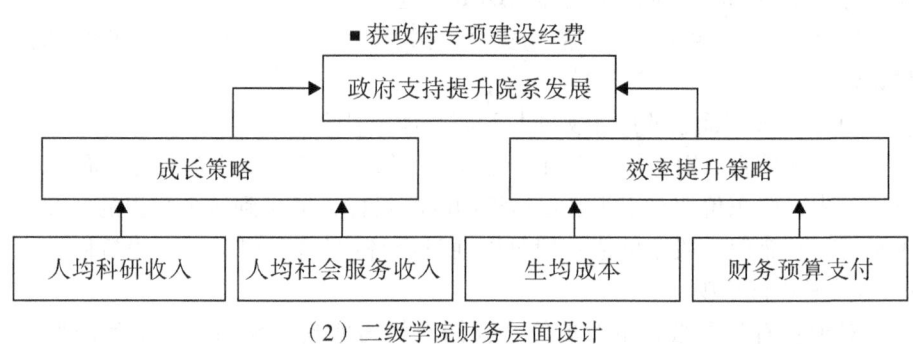

(2) 二级学院财务层面设计

图 4-7 财务层面设计

对比分析两种不同组织在使用平衡计分卡时，财务层面设计存在明显差异。

结合二级学院管理与发展实际，财务层面的评价指标重点关注是否可以拓宽资金渠道、提高财务效率等，可以从政府支持、成长及效率提升三大方面展开设计。

(2) 客户层面企业应用实践与学院具体设计。

对企业而言，客户层面关注的是与客户或消费者、市场相关的目标。客户层面关键的指标往往有：客户保留率、新客户获得率、顾客满意度、顾客获利水平等。

对企业而言，运用平衡计分卡设计客户层面目标时，一般会根据企业提供给客户的价值定位和目标客户设计战略地图的客户构面。不同的价值定位决定了不同的差异化因素，从而决定客户构面的关键性绩效领域。企业确定了其价值定位的同时，也确定了企业的目标客户。企业应以目标客户为焦点来考核绩效。

我们把一般企业与学院客户层面设计制作成图 4-8。

对比分析两种不同组织在使用平衡计分卡时，客户层面设计存在明显差异。

结合二级学院管理与发展实际，客户层面的评价指标主要是关注于学生及企业的满意度和学生及企业认可度的指标，遵循客户至上的价值定位。因此，会在学院提供的产品/服务特性上面保证满足客户——学生及企业的基本要求，力争在服务、关系及品牌形象中争取获得竞争优势。客户层面的指标可以从学生满意度、企业满意度、就业质量等方面设计评价指标。

(3) 内部业务流程层面企业应用实践与学院具体设计。

内部业务流程层面需要构建或完善哪些流程？按照平衡计分卡的层次顺

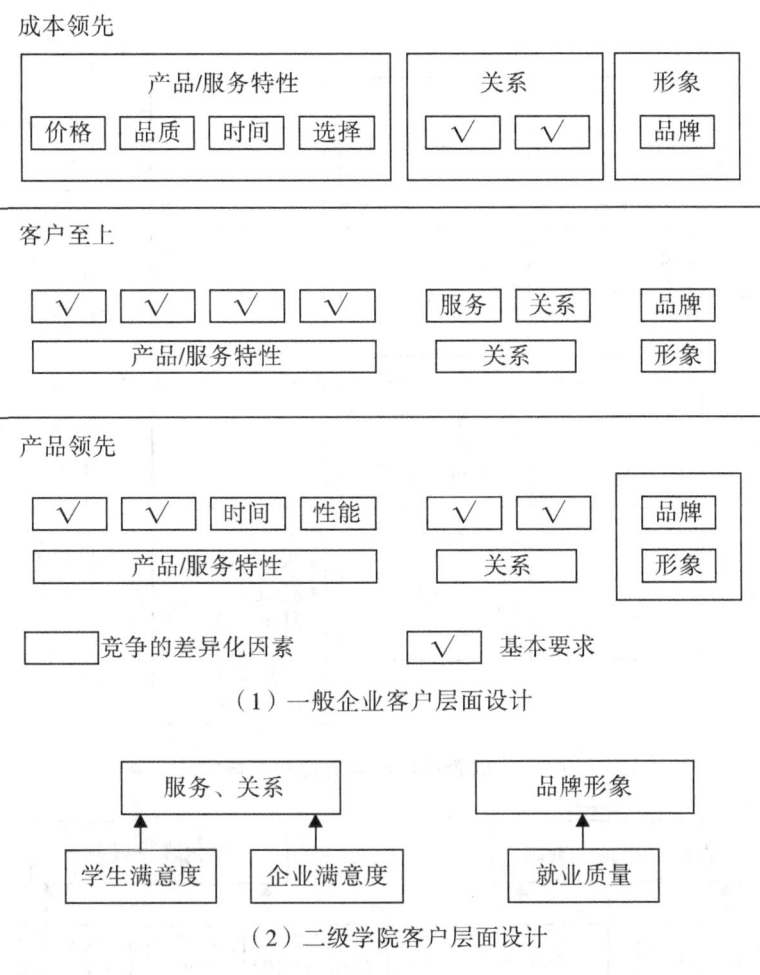

图 4-8 客户层面设计

序,应该要着力完善那些与财务目标、客户目标密切关联的流程。要考虑为了实现财务回报,为了吸引和留住目标市场上的客户,管理者要着力完善实现这些目标的重要内部业务流程。

对企业而言,运用平衡计分卡设计内部业务流程层面目标时,一般要考虑与企业所确定的价值定位保持一致。比如:有的企业采取"产品领先"战略,那么他要重点关注内部创新流程,其他方面的流程符合基本要求即可。有的企业采取"顾客至上"战略,那么他要重点关注客户管理流程的完善,其他方面的流程符合基本要求即可。有的企业采取"成本领先"战略,那么他要重点关注作业流程的优化,控制成本、关注品质以及加强供应链管理等。

我们把一般企业与学院内部业务流程层面设计制作成图 4-9。

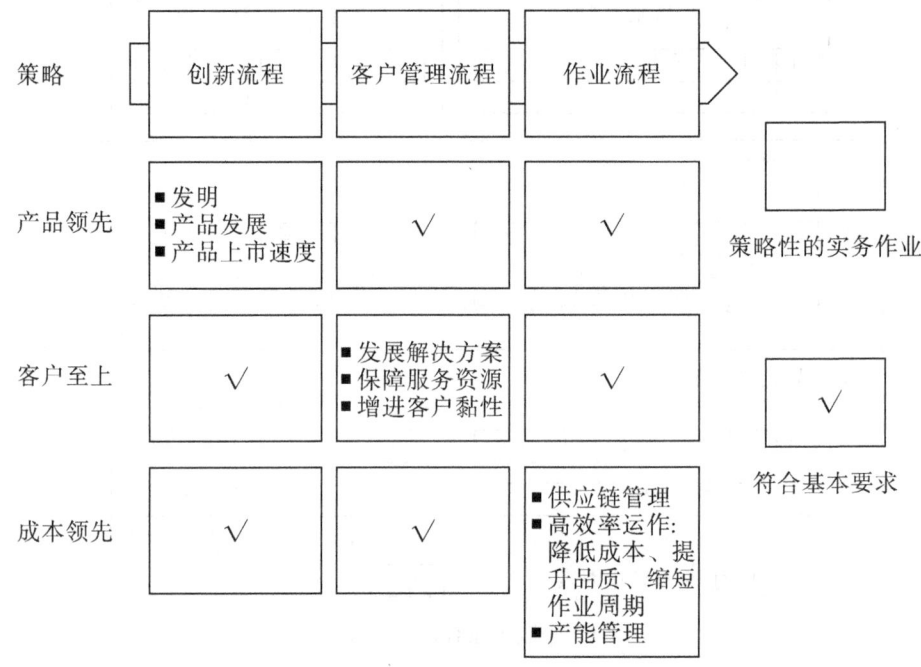

（1）一般企业内部业务流程层面设计

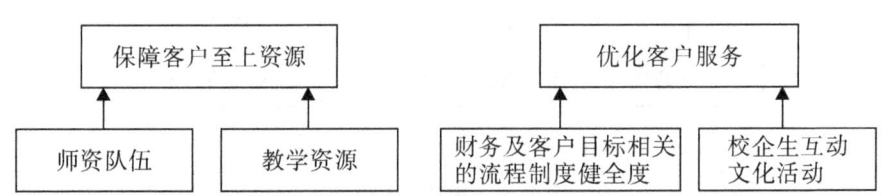

（2）二级学院内部业务流程层面设计

图4-9 内部业务流程层面设计

对比分析两种不同组织在使用平衡计分卡时，内部业务流程层面设计存在明显差异。

结合二级学院管理与发展实际，内部业务流程层面的评价指标主要应与客户至上这一价值定位保持一致。内部业务流程层面所设计指标要关注内部发展优势及发展动力，优化部门服务客户的流程，保障客户服务质量，是实现客户至上这一价值定位的体系支撑。内部业务流程层面的指标可以从师资队伍、教学资源、校企生互动文化活动、财务及客户目标相关的流程制度健全度等方面设计评价指标。

(4) 学习与成长层面企业应用实践与学院具体设计。

学习与成长层面是为了实现组织的长期业绩而必须关注的。他是服务客户、优化内部流程、实现财务绩效的基础。学习与成长层面的指标一般可以从技能培训、平台搭建、团队成长等方面来设计。

对企业而言，运用平衡计分卡设计学习与成长层面目标时，一般会从战略性能力积累、战略性平台建设、团队成长来把握重点，设计关键指标。积累哪些能力才算是战略性能力积累呢？顾名思义，就是能促进组织达成战略所需具备的技能、能力和知识。战略性平台建设一般是指能促进战略目标实现所需的信息系统、资源库或其他。团队成长一般会从文化塑造、团队激励、授权、赋能等方面来探索。

我们把一般企业与学院学习与成长层面设计制作成图4-10。

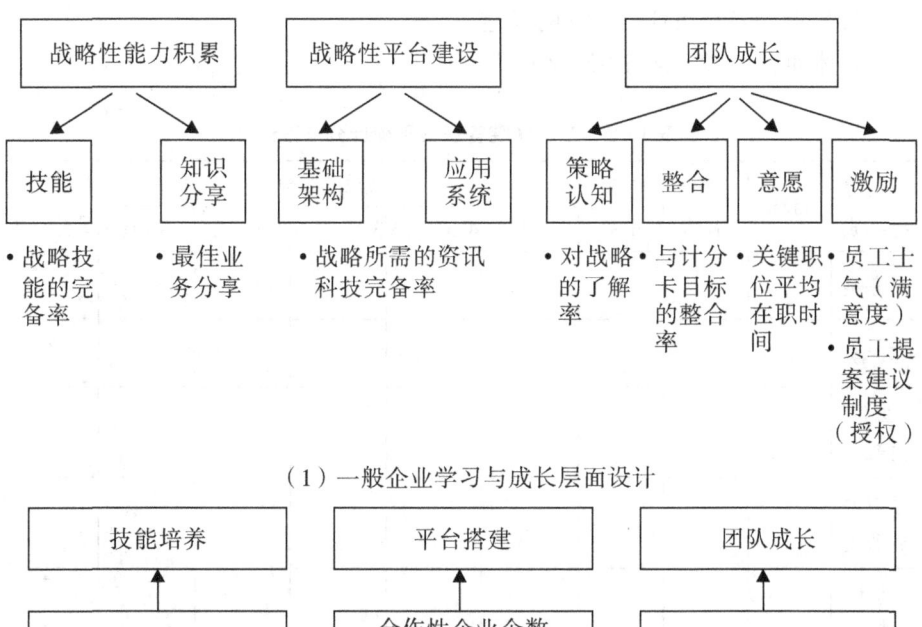

（1）一般企业学习与成长层面设计

（2）二级学院学习与成长层面设计

图4-10　学习与成长层面设计

对比分析两种不同组织在使用平衡计分卡时，学习与成长层面设计存在明显差异。

结合二级学院管理与发展实际，学习与成长层面的评价指标主要是关注院系长远发展的潜力指标，提高管理和师资队伍水平，提升科研能力，能激励队伍有成长意愿等方面。学习与成长层面的指标可以从教师满意度、发展平台、教师人均培训次数等方面设计评价指标。

在对二级学院管理者进行绩效考核时,我们建议采用平衡计分卡进行评价。使用平衡计分卡进行评价时有如下要求:

(1) 学校分管领导与二级学院管理层在上年末就二级学院平衡计分卡的四个类别(财务类、客户类、业务流程类、学习与成长类)的具体目标,进行充分沟通,依据学校发展战略及年度目标确定二级学院BSC,并就确定二级学院BSC签名确认。

(2) 确定二级学院不同负责人在平衡计分卡四个类别指标的不同权重。如主抓行政工作类领导应该在流程类指标权重上有所侧重,主抓师资成长类工作领导应该在学习与成长指标权重上有所侧重。

(3) 明确各等级评分标准的界定。

具体如表4-2、表4-3所示。

表4-2 二级学院管理层平衡计分卡设计

评估目标类别	目标	评价指标	权重系数	评分标准/分					实际评分/分
				5~4.6	4.5~3.6	3.5~2.6	2.5~1.6	1.5~0.5	
财务类									
客户类									
业务流程类									
学习与成长类									
总体得分									

表4-3 二级学院管理层平衡计分卡考核等级评分描述

考核等级	参考评分/分	等级描述
优异	5~4.6	表现出类拔萃,主动且高效,一贯高质量地完成工作,经常地超出岗位应有职责或被委派的任务要求,具备突出的个人表现

续上表

考核等级	参考评分/分	等级描述
良好	4.5~3.6	高质量的工作表现,一贯地达到岗位应有职责或被委派的任务要求,不时超出期望的标准,部分个人表现超出岗位所需要
中等	3.5~2.6	达到标准的工作质量,完成岗位应有职责或被委派的任务,具备所需的个人表现
欠佳	2.5~1.6	工作质量有时达到标准,需努力改善表现达到岗位职责或被委派任务所需要求,具备部分个人表现。或者,该员工与其他同级人员平均表现相比在有些方面没有达到要求
较差	1.5~0.5	由于员工的个人能力或努力不够而在整体上持续性的未达到岗位表现要求标准。或者,该员工的表现在整体上持续性地落后于其他同级人员的平均表现要求

对于二级学院的各专业负责人,同样适用表4-2的评价方法,需注意在制定平衡计分卡的四个类别(财务类、客户类、业务流程类、学习与成长类)的具体目标时,需要二级学院党政联席会与专业负责人在上年末就专业平衡计分卡有关内容充分沟通,依据学校发展战略、年度目标及二级学院BSC确定专业BSC,并就确定专业BSC签名确认。

(三) 目标和关键成果指标(OKR)应用

1. 理解OKR

二级学院运用平衡计分卡构建出绩效指标体系,各专业教研室可以在二级学院平衡计分卡的基础上分解各专业的指标,那么该如何设计适用全体对象的具体考核指标呢?我们将用另一种工具来帮助设计具体的考核指标——OKR(objectives and key results)。OKR考核的本质是"我要做的事"。使用OKR时,首先要注意被考核对象要与组织一起制定目标,明确目标需达到的结果,再对结果进行量化。

企业员工激励平台Better Works的研究指出:目标关键结果是可测量的,需要有时间和数量的约束。最佳实践鼓励设置不超过6个目标,每个目标下设立5个或更少关键结果。

二级学院在科研方向的OKR示例(含财务层面+学习与成长层面指标),如图4-11所示。

```
┌─────────────────────────────────────────────┐
│           二级学院科研负责人                │
│   目标：学院课题研究及科研平台突破          │
│   关键成果指标：1.年课题经费总额超×××万元  │
│                2.××个科研平台搭建          │
└─────────────────────────────────────────────┘

┌─────────────────────────────────────────────┐
│              专业负责人A                    │
│   目标：带领教师拿下课题经费，关注科研平台资源│
│   关键成果指标：1.各级别课题年申报人数达×××人次│
│   2.全年挖掘3家可合作的产教融合平台，深入探索合作1家│
└─────────────────────────────────────────────┘

┌──────────────────────┐  ┌──────────────────────┐
│        教师A         │  │       科研秘书       │
│ 1.参照往年申报节点，完│  │ 1.整理及发布各级别课题│
│   成课题申报材料省级1 │  │   申报信息，形成近3年│
│   项，市级1项        │  │   汇总文案           │
│ 2.电话联系专业合作企业│  │ 2.网络搜集供筛查产教 │
│   2家，探讨科研合作意 │  │   融合平台资源×××项 │
│   向，形成报告       │  │                      │
└──────────────────────┘  └──────────────────────┘
```

图 4-11 二级学院科研方向的 OKR

OKR 与 BSC 的结合，可以通过表 4-3 来呈现。

表 4-3 BSC 与 OKR 的结合

BSC 层面	目标"O"	KR 关键结果 （学生及科研方向示例）	产出成果
财务层面	政府支持经费		
	收入增长	1. 年科研经费×万元 2. 年科研项目级别覆盖××	
	效率提升		
客户层面	学生满意度	1. 学生问题反应时间不超过×小时 2. 学生问题解决时间不超过×天	
	企业关系		
	品牌形象		

续上表

BSC 层面	目标"O"	KR 关键结果 （学生及科研方向示例）	产出成果
内部业务流程层面	优化师资队伍结构		
	完善教学资源库		
	健全相关流程制度	设计×类学生常见问题的答复话术	
	加强校企生互动		
学习与成长层面	战略技能培养	科研能力系统培训×元，×人次	
	战略平台搭建	产教融合科研平台×个	
	团队成长	学术团队×个	

2. 使用 OKR 应注意的事项

（1）设定目标环节要注意：①目标值（O）需要满足以下条件：有一定挑战性，不能是已经实现的，或者常规完全无难度的。比如：二级学院教师的工作量就不应该设计成目标。目标值必须是具体、可量化的。②目标值设定的过程，是充分沟通的过程，是一致意思的表示，必须是管理者与员工达成共识。③每个 BSC 层面对应的目标不能太多，不超过 5 个为宜。

（2）每个目标后的关键成果指标，就是告诉我们，KR（关键成果）是指达成这个目标，我们需要做什么。那么设计 KR 时要注意：①关键成果指标必须是可以帮助目标实现的。②关键成果指标是被评价人需要做的、能够做的、做好后对组织目标达成是有价值的。员工直接参与关键成果指标设计。③关键成果指标应该是已经量化的，它是目标达成的基础。④每个目标对应的关键成果指标不宜太多，一般每个目标的 KR 不超过 4 个。⑤关键成果指标是有时间限制的。⑥保证 OKR 一旦制定，务必争取公开，保证行为约束力、透明度及公平性。

3. OKR 的操作流程

二级学院使用 OKR 的操作流程及指标测量注意可参考图 4-12。

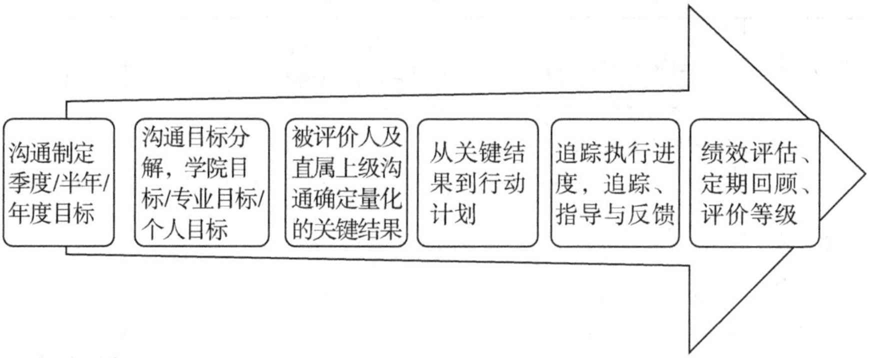

[沟通制定季度/半年/年度目标] → [沟通目标分解，学院目标/专业目标/个人目标] → [被评价人及直属上级沟通确定量化的关键结果] → [从关键结果到行动计划] → [追踪执行进度，追踪、指导与反馈] → [绩效评估、定期回顾、评价等级]

操作要点：

(1) 目标层面设计
——依 BSC 工具构建；
——每一层面的具体目标设定不宜超过 5 个。

(2) KR 设计（关键成果指标）
——需要是直接达成目标的；
——量化时教师需要直接参与；
——每一具体目标对应的 KR 指标设定不宜超过 4 个。

(3) 追踪、指导、反馈
——需要定期召开管理会议；
——针对指标完成情况进行；
——形成反馈、指导备忘。

(4) 目标分解
——被评价人及考核人直接参与；
——需要做、能做、达成共识确认。

(5) 形成行动计划
——需要有业务策略和组织策略；
——用标准规范的表单指导行动。

(6) 评价
——呈现等级，弱化排名、分数；
——弱化评价结果与奖惩；
——强调评价结果与个人职业生涯。

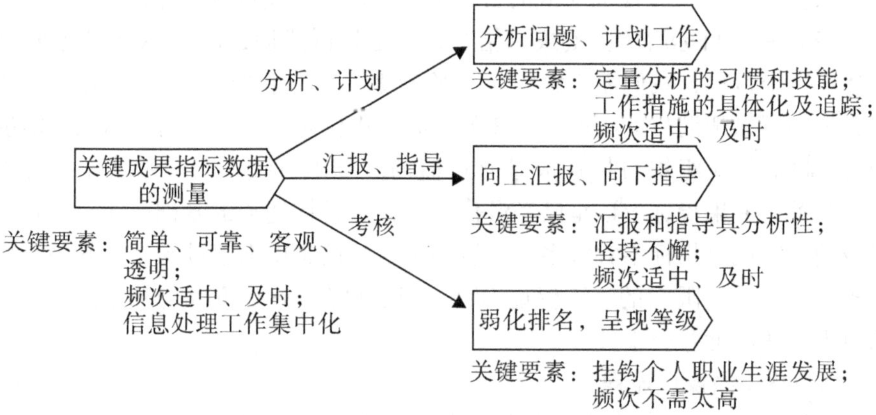

关键成果指标数据的测量
关键要素：简单、可靠、客观、透明；
频次适中、及时；
信息处理工作集中化

分析、计划 → 分析问题、计划工作
关键要素：定量分析的习惯和技能；
工作措施的具体化及追踪；
频次适中、及时

汇报、指导 → 向上汇报、向下指导
关键要素：汇报和指导具分析性；
坚持不懈；
频次适中、及时

考核 → 弱化排名，呈现等级
关键要素：挂钩个人职业生涯发展；
频次不需太高

图 4-12　OKR 操作流程及指标测量注意

在对二级学院骨干教师进行绩效考核时,我们建议采用平衡计分卡进行评价。使用平衡计分卡进行评价时有如下要求:

(1) 专业负责人在年末应根据确定的专业 BSC 与各骨干教师沟通其第二年的 OKR,并于确定后签名确认。

(2) 明确评价要素及评分标准。

(3) 明确各评价等级界定。

具体如表 4-4 至表 4-6 所示。

表 4-4　二级学院骨干教师 OKR 考核评价应用

序号	专业 BSC 中与该教师相关的 O	沟通达成一致的 KRs	完成结果描述
1			
2			
3			
4			

表 4-5　等级评分标准

评分要素	权重系数	评分标准/分					实际评分/分
		5	4	3	2	1	
计划完成	30%	超额或提前完成原计划	按时完成原定计划	完成原定计划80%~99%	完成原定计划60%~79%	完成原定计划60%以下	
工作质量	30%	工作质量完全满足甚至超过岗位要求	工作质量满足岗位要求	工作质量基本满足岗位要求	工作质量较难满足岗位要求	工作质量不能满足岗位要求	
工作责任感	20%	工作认真负责,一丝不苟	工作认真负责,无需督促	工作认真程度满足岗位要求	工作懈怠、被动	推诿责任工作不力	
解决问题	10%	常常能结合工作任务找到解决问题的创新方法并取得成功	有时能结合工作任务找到解决问题的创新方法并经常取得成功	具备解决工作中常见问题的能力	解决问题能力较难满足岗位要求	解决问题能力不能满足岗位要求	

续上表

评分要素	权重系数	评分标准/分					实际评分/分
		5	4	3	2	1	
团结合作	10%	主动与他人或团队沟通与合作，协调相融，运用团队力量完成工作	能主动与他人或团队沟通与合作，运用团队力量完成工作	体现岗位所需之团队工作精神	尚能与他人合作	拒绝合作很难相处	
专业负责人签字				总计分 $\sum$（分项分数×权重）			
其他要说明的问题							
其他扣分（此项由专业负责人填写）							

表4-6　评分标准描述

考核等级	参考评分/分	等级描述
优异	5~4.6	表现出类拔萃，一贯高质量地完成工作，经常地超出岗位应有职责或被委派的任务要求，具备突出的个人表现
良好	4.5~3.6	高质量的工作表现，一贯地达到岗位应有职责或被委派的任务要求，不时超出期望的标准，部分个人表现超出岗位所需要
中等	3.5~2.6	达到标准的工作质量，完成岗位应有职责或被委派的任务，具备所需的个人表现
欠佳	2.5~1.6	工作质量有时达到标准，需努力改善表现达到岗位职责或被委派任务所需要求，具备部分个人表现。或者该员工与其他同级人员平均表现相比在有些方面没有达到要求
较差	1.5~0.5	由于员工的个人能力或努力不够而在整体上持续性地未达到岗位表现要求标准。或者该员工的表现在整体上持续性地落后于其他同级人员的平均表现要求

对于二级学院的新进教师，同样适用表4-4至表4-6的评价方法，需要注意的是：新进教师是依据岗位相关标准对应的基本指标，来确定其考核的主要内容。专业负责人在年末应根据教师岗位的相关标准与新进教师沟通其第二年需完成的基本指标，并于确定后签名确认。

五、绩效管理流程

二级学院教师绩效管理必须结合学院发展愿景、使命、价值和战略目标，以提升二级学院、各专业、教师队伍的绩效水平，进而帮助学校实现战略目标。在绩效管理过程中，我们强调基于学校战略目标明晰二级学院发展战略、平衡计分卡和目标和关键成果指标。二级学院运行绩效管理，首先需要明确运作基本框架，在此基础上设定年初绩效目标，完善绩效指导、面谈、评估及应用工作。

（一）运作基本框架

绩效管理运作基本框架可见图4-13所示。

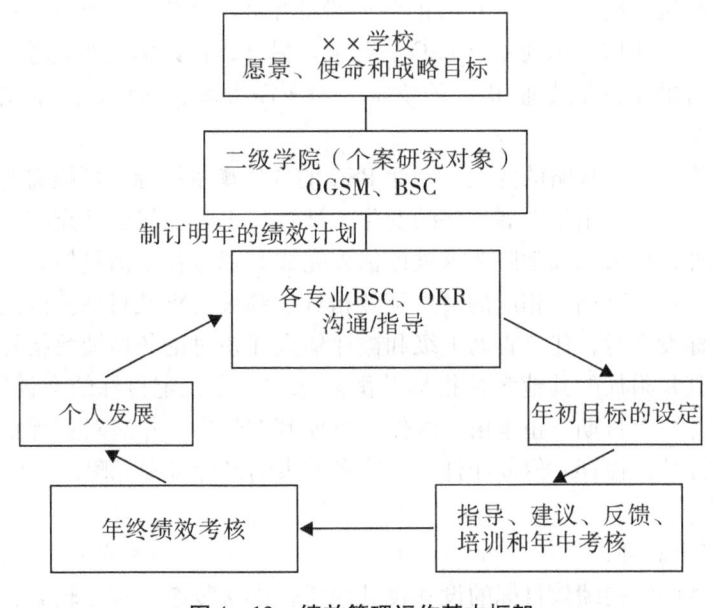

图4-13 绩效管理运作基本框架

（二）年初绩效目标的设定

制定年初绩效指标体系及衡量标准是二级学院绩效管理的根本基础，也是二级学院绩效管理的关键因素。依据二级学院 OGSM 和平衡计分卡（BSC）制定的各专业 BSC 应当落实到各专业负责人，作为他们的绩效考核标准。各专业负责人应当基于本专业平衡计分卡（BSC）为骨干教师制定目标和关键成果指标，新进教师参照岗位相关标准制定考核指标。

在年初时，直属上级与被评估人应就工作目标、关键成果指标、工作职责及其他具体计划达成共识。具体考核对象制定如下。

1. 二级学院管理层

二级学院管理层全年绩效考核目标就是整个二级学院所有的 BSC 各项指标。被评估人要高度重视学校当下的发展战略，确定平衡计分卡的各个考核层面的具体目标。二级学院管理层的 BSC 考核指标不宜调整，因此设计初期需要尤为慎重。

二级学院管理层设计的 BSC 指标需要权衡学院各专业的发展实力及潜力，确保专业之间的发展机会是大体平衡的。具体考核表的设计可参见附录三的"绩效管理表1"。

2. 专业负责人

专业负责人全年绩效考核目标便是完成其个人所负责的专业 BSC 的各项指标，其衡量标准就是专业 BSC 的各项衡量标准。因此，上级应着重考虑如何才能帮助被评估人达到专业 BSC 的要求。另外，被评估人亦应考虑哪些支持及协助有助于达成专业 BSC 的要求，如所需资源、知识、技术支援、培训、辅导等。

由于组织发展战略的变化，专业 BSC 的各项衡量指标也可能需要做出相应的变化。例如，由于发展战略的变化，被评估人可能需要补充完成其他的任务。此外，如果二级学院要求被评估人完成其现有各项衡量指标之外的任务，那么应该为其制定相应的额外绩效指标、绩效要求及目标。因此，在年初绩效目标设立时，建议直属上级和被评估人面谈讨论各项绩效指标及衡量标准，尤其是附加的其他考核指标及衡量标准。在设定目标的会议结束后，应在签名并写上日期。正本由上级保存以便其在年中、年终对被评估人进行考核。被评估人保存一份复印件。具体考核表的设计可参见附录三的"绩效管理表2"。

3. 骨干教师

骨干教师年初绩效目标的设立较其他考核办法复杂、难度较高，故被评估人、直属上级需要共同努力协作。直属上级应当基于专业 BSC、被评估人的能力、潜质及相应指标任务的复杂性、难度等来为具体的被评估对象制定绩效目标。直属上级与被评估人应当在考核年度年初和年中就绩效指标和目标达成一致。

此外,直属上级还应当指出被评估人在考核年度中的相关标准要求。直属上级应该权衡被评估人完成指标难度及数量的尽量公正,要求直属上级在各专业指标设定过程中做到年初绩效目标公示经反馈程序后再确认。具体考核表的设计可参见附录三的"绩效管理表3"。

4. 一般教师或新进教师

一般教师或新进教师的绩效考核侧重于完成本职工作的岗位相关标准,这些教师不适用于目标和关键成果指标。因此,直属上级可在会议上召集教师讨论考核表,并向其讲解以下内容:①学校、二级学院的战略目标、使命和核心价值;②本专业本年度的关键成果指标;③教师岗位的基本职责及相关标准要求。

讨论的目的是想让这些教师对本年度学校、二级学院及本专业发展方向有所了解,并清楚明白他们各自相关要求及责任。本着操作简单、强调效率、高成效的原则,其直属上级不必与每一个人单独就绩效指标和要求进行个别的交流。具体考核表的设计可参见附录三的"绩效管理表4"。

(三)绩效指导

绩效指导贯穿绩效目标设定,过程性辅导、建议、培训和反馈,阶段性考核等各环节。

1. 绩效目标设定

对于二级学院负责人、专业负责人而言,应根据学校及二级学院OGSM、平衡计分卡以及各专业BSC的完成情况,建议在上年终的最后一个月内或每年初的第一个月内完成年初绩效目标的设定。骨干教师的绩效目标制定应该在学院OGSM、BSC构建完成、本专业BSC确立的前提下,再设立OKR,需要在年初第一个月内完成。新进教师依岗位相关标准制定考核标准,年初设定,不受影响。

绩效目标设定环节的指导主要在于:①统一认识学校战略、二级学院OGSM;②根据战略共同形成学院及各专业的平衡计分卡;③明确教师关键成果指标及岗位工作标准。

2. 过程性辅导、建议、培训和反馈

建议被评估人与直属上级或项目负责人应持续不断地交流、反馈及辅导。交流的形式可以是面谈、每月会议、每月考核。这样,直属上级或项目负责人就能客观把握对被评估人的绩效表现,有针对性地进行指导。建议对面谈、考核评价和行动计划进行归档,以作为未来进一步行动的参考。

指导过程中被评估人及直属上级应根据年初的绩效目标,系统地定期检查工作进程。直属上级应就被评估人的绩效表现提出意见和提供指导,并在需要时适当地改进行动计划。

根据需要,被评估人与其直属上级应不定期一起对本年度的工作情况进行检查,具体频率由直属上级灵活掌握。被评估人可以随时主动找直属上级就工作中遇到的问题及需要的帮助/指导与直属上级交流,例如:评估工作完成情况、取得的成绩、解决的问题;制订行动计划以提升绩效,并提出需要的支持及辅导等。

在极特殊情况下,直属上级在经二级学院负责人同意的前提下,可修改年初制定的绩效考核目标,如工作性质/职责转变、本专业工作目标转变等。在任何情况下,如被评估人由于绩效低下而达不到目标或努力程度不够,则不应更改年初所制订的绩效考核目标计划。

3. 阶段性考核

为了持续鼓励二级学院的管理层更紧密、有效地管理部门的绩效,可以在一段较短的时间内(如一个月)进行绩效考核,让各专业负责人和骨干教师看到绩效考核的优点。长远来说,我们认为二级学院还是实行年中和年终绩效考核合适。

从绩效考核的高效率出发,单位时间内的绩效考核应当是以简单的形式进行,并且应该强调核心绩效指标以保证二级学院绩效管理指导和反馈机制的顺利运行。对于专业负责人来说,将不会每月对他们进行绩效考核。对于骨干教师来说,他/她的上级会基于其核心岗位相关的指标来对他们每月的绩效进行考核。对于一般教师来说,他/她的上级也会基于其岗位标准来对他们的每月绩效进行考核。

在年中及年终的最后一个月,二级学院领导层应当分别根据组织发展战略、考核期整体业绩完成情况及各专业教研室业绩完成情况制定年中及年终的硬性绩效考核等级分布比例;各级考核人员应当在硬性考核等级分布比例的指导下一个月内完成绩效考核,并将结果报二级学院。

(四)绩效面谈

绩效面谈在绩效管理全过程非常重要,那怎样才能实施一次成功的面谈,以下我们主要从绩效面谈的流程以及绩效面谈的沟通技巧两部分来展开。

1. 绩效面谈的流程

(1)反馈绩效现状。

在高职院校中,教师不知道自己做得好不好,二级学院管理者不知道下属做了些什么,都是反馈不佳的表现。要让教师提升绩效,最直接有效且不费成本的方法是对其工作给予具体的反馈。比如:"'双高'建设任务指标还缺3项省级指标""核心期刊论文是你目前在职称评审中的弱项"……绩效面谈中明确地反馈出某团队或个人不尽如人意的表现在哪些方面是很有必要的，这就是解决问题的第一步：客观地认识自己的不足或者存在的问题。这种反馈可以是业绩表现、行为态度等各方面。为避免引起对方质疑，可适当准备一些佐证材料加以证明现状的客观存在。

（2）分析问题症结。

管理者可以从专业建设业绩报表以及相关专业建设报告等资料中得知哪些教师的业绩减少了，哪一块业绩是难突破的，但这些只呈现出结果，究竟是什么原因导致了这种结果，从业绩报表中并不能知道原因。因此，二级学院管理者应该知道业绩现状反映出的本质问题，这些问题产生的根源，是否存在不当的行为，是否存在某些制约因素，哪些制约因素可以通过改进流程或方法得以提升，哪些需要寻求上级支持或资源，等等。

例如，高职院校教师发明专利转化问题一直没有得以改善，专利转化数量及金额都出现了指标压力，是什么原因导致了这种结果呢？是教师不清楚自己该去抓发明专利及专利转化？是该专业本身不具备专利发明及转化的条件？是教师不知道该怎么样才能做到专利转化？是教师不知道做了能产生什么价值？是教师本能觉得这件事情太多困难，但具体障碍是什么谁也都说不清？……当发现不佳绩效时，二级学院管理者一定不要只停留在现象的表面，要多看、多问、多听、多和员工讨论，直到获悉真实原因为止，而不能一味地以自己的假设和臆断为准。

因此，分析症结所在是非常重要的一步，假如二级学院管理者不能正确找出具体某方面绩效不佳的起因，就难以和教师一起找到正确的方向进行讨论，绩效也就不会有所改善。

在这一阶段，还应该确保如下问题获得解决：

第一，教师知道自己应该做什么事。二级学院管理者应该告诉教师，具体时间段（根据五年规划或者专业建设重点项目时间段）希望教师们出哪些方面的业绩，即给他们清晰的工作业绩指标。比如：省一类品牌专业建设重点任务及各级别业绩成果指标、双高专业群建设任务及各级别业绩成果指标等。

第二，教师知道怎样做。教师知道做什么事而不知道怎样去做，绩效仍得不到改善。不论是通过培训还是教导或者其他方法，二级学院管理者必须确保在面谈结束的时候，员工已经知道该怎样去做才能出好绩效。

第三，教师知道改变的意义所在。如果教师不知道自己即将要改进的方向或行为会为二级学院带来什么价值，会为所在专业带来什么价值，不明白会为自己带来哪些成长，那么他们就难以有动力来改变自己的行为或态度。

第四，清楚阻碍教师绩效改善的障碍。二级学院管理者必须尽可能早点认识到是否存在阻碍，避免要求教师去做无法实现的事。一旦发现了这些阻碍，二级学院管理者有责任运用自己的知识、经验和影响力，除去这些障碍。

（3）协商解决方法。

二级学院管理者和教师最好共同协商决定一个提高某些绩效的具体解决方法。完全由二级学院管理者个人决定的方案，教师可能认为是管理者直接在摊派任务，并且不考虑教师个人需求及能力；同时如果二级学院管理者要求教师放弃他们长久以来做事的方法，教师可能嘴上不说，但心里并不认同，在平时的工作中也不会有所改变。提高绩效的方法由管理者及教师共同协商制定，有理有据推断出方法的可行性，并且取得教师本人信任及认可，才能让方法得以应用并生效。

（4）进行教导面谈。

当协商达成对绩效和解决办法的一致意见后，这一次的面谈基本上就圆满成功。接下来就要观察在工作中教师是否按照达成的协议来开展工作。如果一切按照双方约定的进行，教师绩效得以改进，行为态度得以调整，那么面谈目标达到，就可以进入下一个绩效考核周期，再进行同样程序的绩效管理程序。如果没有明显改善，业绩依然如故，二级学院管理者则需要同教师进行更深层次的绩效教导面谈。

教导面谈的目的，是分析已经发现的绩效问题之后，通过与员工沟通，就问题的解决办法达成共识。面谈是为了让员工明确绩效问题以及让员工接受改变绩效的行动态度要求。

教导面谈一般有四个，包括：与员工达成有问题存在的共识；通过面谈商讨可能的解决方式；同意解决问题的行为；监督进度及衡量结果。

第一，与员工达成有问题存在的共识。

如何说服员工相信问题的存在，可以有两种理由：其一让员工了解其错误或不当的行为对组织的影响；其二让员工了解，如果他不改变行为，就会给自己带来影响。

第一种理由中的影响，指的是员工表现不佳对周围的人、事物的影响，例如，无法满足别人的原料需求；延迟上游作业，使别人无法完成自己的工作；成本过大，超过预算；等等。

第二种理由中的影响是指，员工没有改善表现，而给自己带来的影响，例如，失去升迁的机会，无法参与国外的学习，等等。

现实中，教导面谈最关键、最困难的环节就是如何让员工认识有问题存在。操作中注意对客观事实的记录，注意对现有制度的运用，同时也可以站在员工的角度与员工一起思考问题的根源。

第二，谈可能的解决方式。

在这个阶段，管理者与员工必须寻求各种解决问题的方式。经验的累积可以让一个人面对问题时有更多的选择，而这个阶段正浓缩了所有累积的经验，使员工可以迅速地想出很多解决方法。管理者必须具体描述员工需要哪些行为上的改变来影响结果，因为员工可能并不知道如何解决表现问题。如果管理者没有具体说明该做什么样的改变，那很可能会看到员工做了一些自以为是的行为，但是无法改变表现。

这一阶段列出了可能的解决方式，这个阶段强调的是共同面谈解决方式，也就是凝聚了管理者与员工双方的智慧。员工可能有一些解决办法，如果没有，管理者就必须自己提供。最好的方式是让你想到的办法从员工口中说出。

第三，相互同意解决问题的方法。

从共同商讨的可能的解决办法中，按一定的原则（如可执行性、成本、难易程度等）选出真正的、最终决定采取的解决办法，并达成共识。这一阶段管理者与员工不仅要敲定最后的解决方法，还要决定具体的实行时间。

第四，监督进度及衡量结果。

要注意行动的进度及效果，需要管理者通过及时的观察、跟进或者定期的沟通来了解。过程中可以使用相关管理表单进行客观记录或反馈。

2. 绩效面谈中的沟通技巧

沟通是信息、思想与感情的传递并达到相互了解和理解的过程。一个完整的沟通过程，大致包括信息的发送（表达）、信息的反馈、信息的接收（倾听）三大关键行为。

（1）信息发送——表达的技巧。

在绩效面谈中，表达者准备不充分，自己对表达的内容不熟练，过程中不注意听众的反应，或者是渠道（时间、地点、场合）不恰当，使用了错误的肢体语言，等等，就会严重影响表达的效果。

做到有效表达，以下要点应注意做到位：

①选择一个恰当的时间。

②选择一个恰当的地点。

③充分考虑听众的情绪。

④选用具体、明确的词汇。

⑤简单明了。

⑥使用听众熟悉的语言。

⑦强调重点。

⑧自信的表达。

⑨重视表达方式：肢体语言与语气语调。

⑩适时检查听众是否已经明白你所表达的内容。

（2）信息接收——倾听的技巧。

沟通非常重要的一点是能不能听懂对方的意思，能不能站在对方的立场上来理解对方。同时我们可以自行去验证：是不是我听过别人表达的一些信息后，会忘掉部分内容。那么是什么在影响倾听？其实倾听本身存在一些障碍，比如：倾听者认为有很多其他事情要做，难以专心；倾听者只听想听的内容；倾听者不喜欢讲话者或者其所讲内容；倾听者认为所讲内容都已经知道了；倾听者只关心结论；等等。

清楚倾听存在的一些典型障碍之后，我们到底应该如何去倾听呢？关键要做到倾听的时候专注（集中精力，在聆听中理出讲话者的逻辑）、移情（把自己置于说话者的位置，从讲话者的出发点来理解问题）、接受（客观地聆听，不要先入为主做出判断）、完整（从沟通中获得说话者所要表达的完整信息和意思），这样才有倾听效果。倾听过程中，我们一定要注意两个方面：一是倾听者要能主动积极地听对方所说的话，能够注意对方，能够聆听对方的话语内容。二是倾听者能以同理心的方式，进行移情沟通。同理心就是将心比心，同样时间、地点、事件，而当事人换成自己，也就是设身处地去感受、体谅他人。倾听者不急于做出判断，而是感同身受对方的情感。具有同理心的人能够设身处地看待事物，总结已经传递的信息，会权衡所听到的话，询问而不是质疑讲话者。

倾听的过程中，我们还可以通过一些小技巧来提升倾听效果。比如：倾听时和表达者保持目光接触；适时赞许、点头；专心，尽量避免分心的举动出现；适当提问表达者；适时复述、强调重点；避免中途打断表达者。

（3）双方对信息的反应——反馈的技巧。

反馈是在沟通过程中，信息的接收者向信息的发送者做出回应的行为。因为沟通中信息的发送者与信息的接收者的角色是不断交换的，所以沟通的双方都可以就自己所接收到对方的一些信息做出反馈行为。

双方对信息的反馈，可以是给对方正面的反馈——表扬、赞许，也可以是给对方负面的反馈——批评、指正，但都要给予有效的反馈。

①正面反馈——表扬、赞许。

表扬、赞许的目的是让对方知道他的表现超过你对他的期望，你认可他的表现和贡献。正面反馈时务必做到真诚、具体、及时。

正面反馈时应具体说明对方在细节上的表现、反映了对方哪方面的品质、这些表现所带来的结果和影响。

②负面反馈——批评、指正。

批评、指正的目的是让对方知道他的表现还有进步的空间，让对方知道他的表现还有未满足期待的方面。负面反馈时务必客观、准确、不指责;倾听,从对方的角度看问题;提出合理化建议。

负面反馈时应耐心、具体地描述对方的相关行为、描述这种行为带来的后果、征求对方的看法、探讨下一步的做法。

(五)绩效评估

绩效评估的时段一般选择年中及年终两个时段,这两个时段的不同层次评估方法如表4-7所示。

表4-7 年中/年终不同层次绩效评估方法

四层考核模式	适用表格	年中绩效评估			年终绩效评估		
		评估内容	计划制订时间	考核时期	评估内容	计划制订时间	考核时期
二级学院管理层	附录三绩效管理表1	基于上半年的BSC进展情况	年初/上年年终	从1月到6月	基于全年的BSC进展情况	年初/上年年终	从1月到12月
各专业负责人	附录三绩效管理表2	基于上半年本专业BSC进展情况	年初/上年年终	从1月到6月	基于全年的本专业BSC的完成情况	年初/上年年终	从1月到12月
骨干教师	附录三绩效管理表3	基于上半年目标和关键成果指标	年初/上年年终	从1月到6月	基于下半年目标和关键成果指标	年中	从1月到12月
一般员工	附录三绩效管理表4	基于上半年的与岗位相关标准达成情况	年初/上年年终	1月到6月	基于下半年的与岗位相关标准达成情况	年中	从1月到12月

年中及年终的绩效评估可按以下三个步骤操作:①准备及进行绩效考核面谈;②评定绩效考核等级;③达成共识并签名。

1. 准备及进行绩效考核面谈

在绩效评估会议前,直属上级及被评估人应做好以下几方面的充分准备:

(1)重温绩效计划及工作检查的情况,包括谈话内容、行动计划及改善计划等。

(2)准备充分的依据作为评定绩效考核等级的依据。

（3）根据绩效计划和改善行动计划，总结绩效表现。

（4）上级在与被评估人进行绩效评估会议前须与审阅人和其他相关人员（包括被评估人同专业同事等）就被评估人的总体表现进行交流及全面了解，并草填考核表。

上级和被评估人可在绩效评估会议进行中交流以下几方面的问题：

（1）岗位职责与表现：将被评估人的绩效和岗位的要求进行比较，肯定成绩，找出可以改善的地方。

（2）将被评估人的实际绩效与绩效计划目标进行比较。

（3）收集意见：听取被评估人对工作表现及其他方面的建议。

（4）制定下一考核期的工作目标。

在年终绩效考核时，除了交流上述内容外，上级和被评估人还需讨论被评估人对自己职业生涯的想法、对现职工作安排的意见以及对培训的需求等。

直属上级与被评估人可就被评估人在本考核期内的工作表现的具体意见以及评价进行沟通。直属上级应对其填写的每一项考核内容向被评估人做出说明，解释评分的理由，并向被评估人提出针对性的意见和建议；被评估人可以就考核期内工作中遇到的实际问题和自己的表现向直属上级做出解释，被评估人可以在评估表上对自己本年度的工作表现加以补充、说明，并对上级做出的具体评估发表意见。

通过双方的交流和沟通，上级和被评估人会对双方就目标达成的期望有了一个更好的了解。

2. 评定绩效考核等级

完成考核面谈后，考核人需就被评估人本考核期的绩效考核指标完成情况给予书面鉴定，并根据绩效考核标准给被评估人的每个考核指标打分（如表4-8所示），然后计算出被评估人的总分。

表4-8 绩效考核标准

考核等级	评分描述
A=优秀（5）	表现优秀，总是能够高质量且主动地完成任务并经常能超出岗位应有职责和被委派任务的要求
B=良好（4）	表现良好：总是能够高质量且主动地完成任务并且偶尔能超出期望，某些表现超出岗位所需的要求
C=中等（3）	勉强达成目标，达到正常工作要求，尽到岗位所需职责，完成工作任务

续上表

考核等级	评分描述
D=低于标准 (2)	工作质量有时达到标准,有时达不到标准,有必要提高工作表现以完成岗位职责和任务。与同级其他员工的平均表现相比,达不到同级工作的部分要求
E=远远低于标准 (1)	由于能力较低或努力不足,完全达不到工作的要求,并且其表现总是落后于同级

根据各部分指标权重及相应得分情况,总计出绩效考核等级(注意:以等级来呈现绩效考核结果,弱化排名及具体分数),绩效考核等级标准如表4-9所示。

表4-9 绩效考核等级标准

考核等级	等级描述	参考评分/分
A	优异	5~4.6
B	良好	4.5~3.6
C	中等	3.5~2.6
D	欠佳	2.5~1.6
E	较差	1.5~0.5

3. 达成共识并签名

绩效考核会议结束时,直属上级及被评估人应在以下方面达成共识:

(1) 考核期的工作表现、考核总分和考核等级;

(2) 上级填写意见,并就考核结果与被评估人在考核表上签名及注明日期;

(3) 制定下一考核期的工作目标。

年终绩效评估时,上级及被评估人除需达成以上共识外,还需完成以下程序:

(1) 被评估人填写意见;

(2) 制订被评估人下一年度的个人发展计划及未来发展方向;

(3) 绩效考核表格正本呈送审阅人,直属上级及被评估人自行保留一份表格的复印件;

(4) 如果二级学院、各专业的平衡计分卡已经确立,就可以制定下一年的目标和关键成果指标。

（六）绩效应用

为推动以绩效为本的学院文化，绩效考核结果下一步将考虑成为人才储备、职位晋升、岗位调动、培训等其他关系个人职业生涯发展方向的人力资源管理的重要依据。二级学院的操作必须以学校的绩效改革方案出台为前提，在学校的绩效改革方案没有出台之前，二级学院的绩效方案更多的是解决绩效水平提升的问题，是通过设定绩效目标，加以绩效指导，进行绩效评价，促进教师产出，实现战略发展目标。

通过调研借鉴优秀高职院校以及优秀企业的先进经验，与教师、管理者的深度访谈，再结合高职院校的发展现状和教师群体的需求实际，从教师层面和组织层面着手，发现绩效考核结果应用的可行性方向，大概有以下两大层面。

1. 教师层面（个人发展）

（1）将教师绩效奖励与绩效考核结果直接挂钩。

不可否认，在当下经济社会环境下，物质奖励是见效最快、最直接的一种激励刺激，只有在物质激励合适的前提下，才有基础提高层次需求。结合绩效考核结果，按照不同的等次，兑现相应比例的绩效奖励，让被考核群体切实看到多劳多得、优绩优酬的政策环境，才能激励产出成果。

（2）教师绩效考核结果与职称评审条件挂钩。

职称评审是教师职业生涯发展中最关注、最重要的一个问题。为了体现绩效考核的重要程度，可以把绩效考核结果放入职称评审条件中去，把绩效考核结果合格以上等次作为职称评审的一个基本条件，把绩效考核结果优秀以上等次作为职称评审的一个加分条件。

（3）将教师绩效考核结果与岗位聘任关联。

岗位内容与绩效考核关系密切，绩效考核指标大都以岗位内容为基本依据，所以将教师绩效考核结果与岗位聘任直接关联是合理的。在三年聘期内累计两年绩效考核结果为优秀的教师，在下一届聘用时可实施激励，优先聘用到本级岗位或高一级岗位。

（4）年度考核中提升绩效考核结果的影响占比。

在高职院校中，年度考核一般以德、能、勤、绩、廉为考核内容，实际操作中可将绩效考核结果按照较大比例列入"绩"的年度考核内容中，使绩效考核结果直接影响年度考核结果。在此基础上，要求当年绩效考核结果等级为优秀的，方才具备年度考核评优资格，进一步提升绩效考核结果的影响。

（5）将考核结果与教师评先评优资格挂钩。

荣誉在马斯洛需求层次理论中属于较高层次的需求，当然也是教师职业价值的一种体现。在较高层次需求领域中，将绩效考核结果等级与评先评优资格挂钩，具有一定的合理性和可操作性。

2. 院校层面（组织发展）

（1）运用绩效考核结果，及时诊断学校发展状况。

学校的战略发展与教师的个人发展息息相关。学校发展战略离不开教师个人发展状况的支撑，教师绩效考核结果在很大程度上反映出一名教师的发展状态以及目标完成情况。学校要及时地运用教师的绩效考核结果，通过不同类型教师之间的横向比较、同一教师不同时期的纵向比较，及时诊断学校的绩效管理模式是否合理，学校的绩效考核指标体系是否完善，学校的整体发展目标是否顺利，通过分析绩效考核结果，找出线索、聚焦问题、修订完善，及时监测学校的发展状况，最终实现学校的发展战略目标。

（2）将考核结果作为学校培养储备人才的选择条件。

学校的发展，离不开人才的支撑。人才的储备、培养情况是决定学校是否后继有人，能否实现学校长远发展目标的关键。教师绩效考核结果能够反映出教师的工作能力、工作态度和工作成绩，学校可以将绩效考核结果作为学校进修、培养人才的条件之一。对绩效考核结果优秀的教师，优先安排进修、帮扶、培养，优先作为后备干部的人选，优先考虑为此类教师提供合理的职业发展规划，实现教师与学校的同步发展。

（3）运用考核结果，找到教师提升、培训、培养的方向。

教师绩效考核结果能够反映出大多数教师存在的优劣势，这也为学校实施培养培训提升计划指明了方向，及时对症下药，提升教师整体的绩效完成度，从而提升学校整体的战略目标发展。同时，绩效考核结果的变化，也是学校培养、培训成果的检验。

（4）运用考核结果进行人力资源配置，实现学校人力资源的最优配置。

合理的人力资源配置不仅对企业很重要，对学校也同等重要。根据教师绩效考核结果，学校可以对照指标将教师分为教学型、教学科研型、科研型等不同的类型，尽可能让每一位教师都完全地发挥自己的优势，这对学校发展战略目标顺利实现的作用是不言而喻的。

六、绩效考核表格的应用说明

本研究开发出适应四类不同人员的绩效管理考核表单，详见附录三。接下来，我们来举例探讨一下表单的填写规则，以其中两个表单为例。（因为有两个表单采用的是平衡计分卡，两个表单用的是关键指标，从这两类中各

选其一,做出示例分析)

(一)"绩效管理表1(二级学院管理者用)"的填写规则

使用"绩效管理表1(二级学院管理者用)"需要注意两个关键点:

1. 目标、评价指标、权重系数的填写

举例:二级学院有主管招生工作、就业工作、校企合作工作、统管全局工作的院长,有主管教学、学生竞赛、实训室建设等具体工作的副院长;有主管党务工作、学生工作的副书记,有主管科研、社会服务、教师培养等具体工作的副院长,那么这些二级学院管理者每个人填写的这个表的目标、评价指标、权重系数都是不一样的。这部分内容是被评估对象与考核人参照年末确认的二级学院 BSC 的各项目标、指标,沟通达成一致后再填写上去的。

示例:以主管科研、社会服务、教师培养等具体工作的副院长为例,我们来填写这份表单的部分内容。我们能发现对于这位二级学院管理者而言,他的目标会集中在财务类、流程类、学习发展类,而围绕这些层面他的目标会聚焦在科研、社会服务、社会培训、教师培养这些工作当中,评价指标部分就是这些具体目标应该达到的可量化的标准是什么(被评估人与考核人沟通后确认),权重就是这些具体指标的重要性程度如何。如表4-8所示。

表4-8 绩效管理表1填写示例(目标、评价指标与权重)

评估目标类别	目标	评价指标	权重系数	评分标准					实际评分
				5~4.6	4.5~3.6	3.5~2.6	2.5~1.6	1.5~0.5	
财务类	社会服务&社会培训金额	年度社会服务&培训经费达×万元	20%	5					5×20% + 3×20% + 4×10% =2
	科研经费	年度科研经费×万元	20%			3			
	社会培训人次	年度社会培训×人次	10%		4				

续上表

评估目标类别	目标	评价指标	权重系数	评分标准					实际评分
				5~4.6	4.5~3.6	3.5~2.6	2.5~1.6	1.5~0.5	
客户类									
业务流程类	各级别科研申报规范	近2年部、省、市各级别文科类科研项目申报规范合集1本	10%	5					5×10%+4×15%=1.1
	高潜人才计划	年度开发1套高潜人才培养方案,在×专业试运行	15%		4				
学习与成长类	师资培训落地转化	年度开发2项落地转化师资培训项目	10%		4				4×10%+3×15%=0.85
	年度1+X证书平台搭建	年度建成两个1+X证书平台	15%			3			
总体得分									3.95

2. 分数如何计算

考核人对于被评估人在这些方面的表现会有一些客观的事实依据,据此能给出被评估人在特定指标上的客观分数。那么如何计算最后得分呢?

考核人在各项指标上给被评估人在 0.5~5 分之间一个具体的分数,每一个评价指标会对应权重系数,分数×对应权重,综合计算,就能得出这个被评估人的总体分值。

如表 4-8 所示:$5\times20\% + 3\times20\% + 4\times10\% + 5\times10\% + 4\times15\% + 4\times10\% + 3\times15\% = 3.95$ 分。

对应等级描述如表 4-9 所示,前述被评估人的评定等级为良好。

表 4-9 对应等级描述

考核等级	参考评分	等级描述
优异	5~4.6	表现出类拔萃,主动且高效,一贯高质量地完成工作,经常地超出岗位应有职责或被委派的任务要求,具备突出的个人表现
良好	4.5~3.6	高质量的工作表现,一贯地达到岗位应有职责或被委派的任务要求,不时超出期望的标准,部分个人表现超出岗位所需要
中等	3.5~2.6	达到标准的工作质量,完成岗位应有职责或被委派的任务,具备所需的个人表现
欠佳	2.5~1.6	工作质量有时达到标准,需努力改善表现达到岗位职责或被委派任务所需要求,具备部分个人表现。或者,该员工与其他同级人员平均表现相比在有些方面没有达到要求
较差	1.5~0.5	由于员工的个人能力或努力不够而在整体上持续性地未达到岗位表现要求标准。或者,该员工的表现在整体上持续性地落后于其他同级人员的平均表现要求

(二)"绩效管理表3(骨干教师用)"的填写规则

使用"绩效管理表3(骨干教师用)",需要注意两个关键点。

1. OKR 的填写

举例:二级学院分设几个不同专业,每个专业都有自己的专业负责人,专业负责人会与二级学院管理者们一起沟通商议形成专业的 BSC,这样每个专业都会从财务、客户、内部业务流程、学习与成长四个层面的一系列目标和指标进行填写,专业负责人怎么让专业的 BSC 完成呢?当然得依靠专业教研室的所有教师们。根据 OKR 的精髓——是我想做的,是我能做的,教师要与专业负责人进行深度沟通,确定专业 BSC 中的哪些目标分配给不同的教师。目标分配之后,就是双方沟通具体的量化指标。OKR 的填写如表 4-10 所示。

表 4-10　骨干教师 OKR 的填写

序号	专业 BSC 中与该教师相关的 O	沟通达成一致的 KR	完成结果描述
1	省级课题	年度内成功申报省级课题 1 项	申报书已提交，暂未有结果
2	支持专业建设，开展专业毕业生质量跟踪工作	年度完成调研报告（近 3 届毕业生）	问卷已调查，报告未完善
3	支持学生工作，全院范围内开展读书分享会	年度完成 10 场分享会，覆盖人才达 500 人	已完成
4	深度对接企业	年度形成 1 万字校企合作案例	已完成

2. 分数如何计算

考核人对于被评估人虽然做出了基本的完成结果描述，但是这个被评估人在完成这些关键成果指标时，到底能力如何、工作质量如何，通过简单的结果描述是看不出来的，需要考核人根据过程中、结果上对这个被评估人的客观事实反映，来进行综合评价。被评估人在这些方面的表现会有一些客观的事实依据，据此能给出被评估人在特定指标上的客观分数。那么，如何计算最后得分呢？

考核人在各项指标上给被评估人在 1~5 分之间一个具体的分数，每一个评价要素会对应权重系数，每一个评价要素的实际评分×对应权重，再综合计算，就能得出这个被评估人的总体分值。如表 4-11 所示，被评估人的分数 = 3×30% + 4×30% + 4×20% + 3×10% + 2×10% = 3.4 分。

对应表 4-9 的等级描述，此被评估人的评定等级为中等。

表 4-11　骨干教师评价分数计算示例

评分要素	权重系数	评分标准					实际评分
		5	4	3	2	1	
计划完成	30%	超额或提前完成原计划	按时完成原定计划	完成原定计划 80%~99%	完成原定计划 60%~79%	完成原定计划 60% 以下	3
工作质量	30%	工作质量完全满足甚至超过岗位要求	工作质量满足岗位要求	工作质量基本满足岗位要求	工作质量较难满足岗位要求	工作质量不能满足岗位要求	4

续上表

评分要素	权重系数	评分标准					实际评分
		5	4	3	2	1	
工作责任感	20%	工作认真负责,一丝不苟	工作认真负责,无需督促	工作认真程度满足岗位要求	工作懈怠、被动	推诿责任,工作不力	4
解决问题	10%	常常能结合工作任务找到解决问题的创新方法并取得成功	有时能结合工作任务找到解决问题的创新方法并经常取得成功	具备解决工作中常见问题的能力	解决问题能力较难满足岗位要求	解决问题能力不能满足岗位要求	3
团结合作	10%	主动与他人或团队沟通合作,协调相融,运用团队力量完成工作	能主动与他人或团队沟通与合作,运用团队力量完成工作	体现岗位所需之团队工作精神	尚能与他人合作	拒绝合作,很难相处	2
专业负责人签字				总计分 ∑(分项分数×权重)			3×30% + 4×30% + 4×20% + 3×10% + 2×10% = 3.4
其他要说明的问题							
其他扣分 (此项由专业负责人填写)							

附录一 院校绩效管理制度

A 学院教职工绩效考核实施办法

第一章 总 则

第一条 为进一步深化人事制度改革，客观正确评价教职工的工作业绩和贡献，充分激发全校教职工干事创业的工作热情，逐步形成有效的竞争机制，努力营造积极向上的绩效文化氛围，不断提高工作效率和教育教学质量，结合学校实际，制订本办法。

第二条 本办法适用于全校在职教职工，含劳务派遣人员。其中市管干部按照上级有关规定执行。

第三条 绩效考核实施原则：

（一）坚持公开公正公平原则。绩效考核实施过程公开透明，对教职工的绩效考核务必做到公正公平，维护绩效考核工作的良好秩序。

（二）坚持定性与定量相结合原则。通过定性评价和定量考核相结合的方式，多维度、多途径对教职工的工作绩效进行综合考核，确保绩效考核结果能最大程度反映教职工的工作业绩。

（三）坚持激励与导向并重原则。实施绩效考核，一方面加大奖励力度，充分激励取得工作实绩的优秀教职工；另一方面充分激发全体教职工的内在潜力，在全校范围内形成积极进取、奋勇当先的绩效氛围。

第四条 绩效考核以自然年为考核周期，在每年3月底前完成上一年度的绩效考核工作。

第二章 绩效考核分类及评价内容

第五条 根据考核对象不同，绩效考核分为中层干部、专任教师、党群行政教辅人员、辅导员、工勤人员等5大类考核。

第六条 绩效考核评价的内容主要以岗位职责为基本依据，重点考核工作量完成情况以及工作能力、工作态度、工作贡献等。

第三章 组织机构及职责

第七条 学校成立教职工考核工作领导小组（以下简称：考核领导小组），由学校党政主要领导任组长，其他校领导及党委委员为成员。

第八条 考核领导小组职责：

（一）负责统筹指导全校教职工考核工作。

（二）负责决定学校教职工考核工作的重要事项。

（三）负责考核内容的审定。

（四）负责考核结果的审核。

第九条 考核领导小组下设绩效考核办公室，设在人事处，由人事处处长任主任。

第十条 绩效考核办公室职责：

（一）起草修订教职工绩效考核相关制度。

（二）指导督促各单位教职工绩效考核的实施工作。

（三）汇总全校教职工绩效考核结果。

（四）完成考核领导小组交办的工作事项。

第十一条 各单位成立教职工绩效考核工作小组，由单位主要负责人任组长，成员3~5人，成员人选可由科级以上干部（含教研室主任）及教职工代表组成。工作小组主要负责本单位教职工绩效考核的实施工作。

第四章 考核内容及指标框架

第十二条 中层干部考核。由党委组织部根据上级文件及党委要求，制定相关考核细则，对全校副处级以上中层干部进行绩效考核。

第十三条 专任教师考核。绩效考核内容主要包括：教师工作量完成情况、工作态度、教学评价、专业建设及团队合作等情况以及加减分情况（指标框架及权重分配参考见附件1）。

第十四条 党群行政教辅人员考核。绩效考核内容主要包括：工作履职情况（包括任务完成度、工作态度、工作能力等）、服务质量情况以及加减分情况。

第十五条 辅导员考核。由党委学生工作部牵头，根据有关文件和工作实际，制定相关考核细则，与辅导员所在学院联合对辅导员进行绩效考核。

第十六条 工勤人员考核。由用人单位结合不同的工勤岗位实际，按月对工勤人员进行绩效考核。

第五章 考核办法与程序

第十七条 中层干部、辅导员及工勤人员考核，由相关单位制定并公布相关考核办法及程序。

第十八条 专任教师及党群行政教辅人员考核办法

（一）各二级单位参照本办法第四章的指标框架体系及权重分配比例，结合本单位实际，自行制定本单位专任教师及党群行政教辅人员绩效考核方案。方案的制定过程要充分发扬民主，广泛征求本单位党员及普通教职工意见，经本单位领导班子（党政联席会议）集体研究通过，在单位内部公示3个工作日后，报经学校考核领导小组批准后实施。

（二）每年12月31日之前，各单位可根据本单位实际情况对下年度考核指标体系进行调整，并将调整后的方案提交考核办公室备案。

（三）绩效考核可采取个人总结和述职、民主评议、查阅工作资料、审定工作业绩等方法进行。

第十九条 考核程序。

各单位在制定本单位考核方案时，各相关职能部门在制定相关人员考核方案时，可参考以下程序实施考核：

（一）个人总结和述职：党群行政教辅人员要结合本人岗位职责和考核指标体系进行总结述职；专任教师可结合实际情况提供书面总结述职材料；上述述职材料在绩效考核期间均应在本单位内部进行公示，以便公众查阅。

（二）量化评分：考核指标中的量化部分，由相关部门或本人提供佐证材料，由所在单位直接按照评分标准予以核定。

（三）民主评议：对定性考核指标，根据指标内容组织被考核人的领导、同事以及服务对象对其进行民主评议。

（四）查阅材料：各单位结合本单位绩效考核工作实际情况，对考核人申请的加分项进行材料核查，查阅反映被考核人工作过程的其他有关资料，全面了解其工作实绩情况。

（五）汇总结果：由本单位考核工作小组按照相应的权重比例，汇总被考核人考核得分情况，并按照相应比例确定优秀等次人员。

（六）公示：各单位将绩效考核结果在单位内部进行公示3个工作日。

（七）沟通反馈：各单位对每位参加绩效考核的教职工进行考核情况反馈，明确指出被考核人绩效考核中存在的问题，与其本人充分沟通，提出改进意见和办法，并将沟通反馈情况做好记录备查。

（八）上报结果及资料留档：各单位将绩效考核结果报人事处，并将绩效考核相关资料留存，以备查证。

第六章　考核结果评定及应用

第二十条　绩效考核结果分为优秀、良好、合格、基本合格和不合格等 5 个等次。

第二十一条　考核等次的确定。主要根据实际参加绩效考核人员的考核得分及排名确定。考核得分在 60 分以下、其他符合一票否决情况的定为不合格等次。教师工作量考核结果为达标的，其绩效考核结果可定为合格及以上等次；工作量考核结果为基本达标的，其绩效考核结果不得定为良好及以上等次；工作量考核结果为不达标的，其绩效考核结果不得定为合格及以上等次。

各考核结果等次的具体规定由各单位自行研究决定。

第二十二条　中层干部及辅导员绩效考核评优指标单独计算。

第二十三条　工勤人员的考核结果直接在月工资中体现奖励，不纳入所在单位绩效分配。

第二十四条　各单位教职工绩效考核结果评定仅在本单位范围内发生效力，与其他单位教职工不具有横向可比性。

第二十五条　各单位制定本单位绩效考核实施方案时，将教职工绩效考核结果与二级单位绩效考核奖分配直接挂钩。绩效考核结果为优秀的，其当年二级单位绩效考核奖金额应不少于本部门人均水平的 1.25 倍。绩效考核结果为不合格的，其当年二级单位绩效考核奖不予发放。

第二十六条　教职工绩效考核结果与年度考核、评先评优挂钩。

绩效考核结果为优秀的，其当年年度考核结果方可定为优秀等次。本单位年度考核优秀名额的 30% 应是按教师工作量指标（工作履职指标）考核得分从高到低的排序来确定。

绩效考核结果为基本合格的，其当年年度考核结果不得定为合格及以上等次，取消其参加次年各种评先评优活动的资格。

绩效考核结果为不合格的，其当年年度考核结果定为不合格等次，取消其参加次年各种评先评优活动的资格。

第二十七条　教职工绩效考核结果将作为岗位聘用的重要依据之一。

第七章　其他规定

第二十八条　绩效考核实施师德一票否决制度。师德存在重大负面问题，且被查实定性的，绩效考核结果一律不得评为合格。

第二十九条　绩效考核的业绩和评价具有时限性，时间范围为绩效考核年度的 1 月 1 日至 12 月 31 日。

第三十条 绩效考核年度内挂职锻炼、下企业、扶贫等半年以上人员，不参加学校绩效考核，挂职锻炼、扶贫人员的考核结果视同为良好等次，下企业人员的考核结果视同为合格等次；不足半年的，参加学校组织的绩效考核。

第三十一条 绩效考核年度内产假、病假或事假累计达半年以上人员以及当年退休人员不参加绩效考核，其考核结果视同为合格等次。其他离职人员在办理离职时参照本办法单独进行绩效考核。

第八章 附 则

第三十二条 本办法自公布之日起执行。

第三十三条 本办法由教职工绩效考核办公室负责解释。

附件1

专任教师绩效考核表（部门参考）

部门：　　　　姓名：　　　　职称：　　　　年　　月　　日

一级指标	二级指标	指标性质	权重	评价标准	得分	备注
教师工作量指标	教师工作量完成度	必选	70	根据教学任务、科研任务完成率进行计算		得分=（教学任务完成率+科研任务完成率）/2×70
个人绩效相关指标	工作态度及各种会议活动出勤率（可自定）	可选	5	学院自定，建议量化指标，如：无故缺勤学院会议一次扣1分		
	教学评价指标（可自定）	可选	10	学院自定，建议直接采用教学督导评价+学习评价+同事评价方式		
	专业建设及团队合作（可自定）	可选	5	学院自定		
	学院建设工作贡献（可自定）	可选	10	学院自定		
加分指标	工作业绩显著	必选	不设上限	工作业绩显著的，符合学校单项奖励规定的，按照对应级别进行加分		
减分指标	出现责任事故、受处分等情况	必选	不设上限	受到提醒谈话、通报批评以及警告以上党政处分的，每次扣3分，可累计		
合计			100+			

注：本表为专任教师绩效考核参考指标，各单位可结合实际对二级指标内容、评价标准、权重等进行修订，但一级必选指标应全部涵盖，且教师工作量指标权重为70分，个人绩效相关指标权重为30分。

B 学院教师教学工作业绩考核办法（修订）

为贯彻落实教育部"师德为先、教学为要、科研为基、发展为本"和分类指导、分层次考核的高等学校教师考核评价基本要求，注重教师能力、实绩和贡献评价，努力建设有理想信念、有道德情操、有扎实学识、有仁爱之心的党和人民满意的高素质专业化教师队伍，根据文件精神，决定对教师教学工作业绩实行分类分层考核评价，考核办法修订如下。

一、考核基本要求

（1）考核是为了激励、督促教师认真履行职责，合理评价教师在教学、教学基本建设、教学研究和教学改革以及育人工作等方面的工作业绩，为其晋升、聘任、评优、培养、绩效工资计算提供依据。

（2）考核坚持客观公正、民主公开、注重实绩、方便操作的原则，考核的重点是教师工作实绩。

（3）考核对象为教师岗位、思政教师岗位、实验技术岗位等三类专业技术岗位人员，按正高级、副高级、中级、初级及以下四个层次实行分类分层考核。其中思政教师岗位按主体承担课程归入公共基础学院的形势与政策、心理健康教育和创业学院的职业生涯规划、创业教育等四个课程组。

（4）考核以教师任期岗位职责及年度教学工作任务为依据。

（5）教师岗位（含职能部门相应双肩挑教师）教学工作业绩考核结果以学院为单位排序后划分为 A、B、C、D、E 五档；思政教师岗位（含职能部门相应双肩挑教师）教学工作业绩考核结果以相关学院为单位排序后划分为 A、B、C、D、E 五档；实验技术岗位（含职能部门相应双肩挑教师）教学工作业绩考核结果由教务处统一排序后划分为 A、B、C、D、E 五档。

（6）师德考核实行一票否决制与扣分制。

二、考核指标体系

一级指标	二级指标	教师岗位		思政教师岗位		实验技术岗位	
		分值	考核单位	分值	考核单位	分值	考核单位
教学工作量（30%）	教学工作量	30	各学院	30	公共或创业学院	30	各学院
教学效果（50%）	督导评价	10	各学院	10		10	各学院
	管理评价	10	各学院	10		10	各学院
	同行评价	5	各学院	5		5	各学院
	教师自评	5	教师个人	5	教师个人	5	教师个人
	学生评教	10	各学院	10	公共或创业学院	10	各学院
	学生业绩	10	各学院	10		10	各学院
教改教研（20%）	教改教研	20	各学院	20		20	各学院

备注：教师获省级及以上荣誉、奖励以及指导学生获省级及以上奖励的实行加分。

三、考核项目

（一）教学工作量

（1）教学工作量以《教师教学工作量计算方法》为依据计算，仅指相应的课程教学类工作量。

其中，各类岗位教师承担的住读生、高技能人才项目、留学生教育的按本学院普通全日制教学规范和课酬结算的授课课时可纳入教学工作量。

教师岗位、实验技术岗位担任班主任、辅导员，解答学生问题，指导学生就业、创新创业、社会实践、各类竞赛以及老中青教师"传帮带"等未列入其他考核项目的工作，由各学院制订其他工作量的计算办法或标准，经学校考核领导小组批准后可纳入教学工作量考核范畴。思政教师岗位承担上述工作的，分别由公共基础学院和创业学院制订其他工作量的计算办法或标准，经学校考核领导小组批准后可纳入教学工作量考核范畴。

（2）教师岗位基本教学工作量为360标准课时/年，各学院可视实际情况上下浮动15%，浮动标准报教务处备案；实验技术岗位基本教学工作量为80标准课时/年；思政教师岗位基本教学工作量为80标准课时/年，相关学院可视实际情况上下浮动15%，浮动标准报教务处备案。

教师岗位教学工作量不足的，每少10课时扣1分；思政教师岗位和实验技术岗位教学工作量不足的，每少2课时扣1分，教学工作量不足规定的50%的教师考核为E档。产假、病假等按实际扣减工作量要求。

（3）兼任教师基本教学工作量为 80 标准课时/年，教学工作量不足的，每少 2 课时扣 1 分。同时，处级及以上干部上课不超过 4 节/周，科级及以下人员不超过 6 节/周。

（4）教学工作量和科研工作量是教师承担的不同类型任务，原则上不相互折抵。为兼顾高水平科研成果的产出，对取得高层次科研成果奖和科研项目可折抵教学工作业绩考核的教学工作量，但折抵的比例不超过相应岗位基本教学工作量的 50%，且仅限于项目负责人。

高层次科研成果奖指学校规定的厅局级（含厅局级）以上科研成果奖，国家级、省部级和厅局级奖最多可折抵 540 标准课时、360 标准课时和 135 标准课时；高层次科研项目指学校规定的省部级（含省部级）以上纵向科研项目，国家级和省部级科研项目最多可折抵 540 标准课时和 360 标准课时；高层次科研成果奖和科研项目可在立项或获奖后 3 年内统筹用于折抵教学工作量。当年横向科研到款累计达 50 万元及以上的最多可折抵当年 180 标准课时。

（二）教学效果考核

1. 督导评价（10 分）

（1）校、院二级督导、学校职能部门人员通过听课评课、教学检查、督导评估等方式对教师的教学工作和教学效果进行评价打分（百分制）。学院中层以上干部对外学院教师的评价纳入本项目。

（2）督导评价分按分值比例折算成考核分。

（3）教育督导处建立教师免检制度，免检教师的督导评价以学院最高分计算。

（4）教师岗位、实验技术岗位的督导评价由各学院组织，思政教师岗位的督导评价由相应课程组所在学院组织。

2. 管理评价（10 分）

（1）除督导评价所列人员外，本学院管理人员对教师教学工作评价纳入本项。

（2）对于校外实践教学，还应征询校外基地主管部门领导或群众的意见。

（3）管理评价级差为 1 分，高于 8 分的比例不超过 60%。

（4）教师岗位、实验技术岗位的管理评价由各学院组织，思政教师岗位的管理评价由相应课程组所在学院组织。

3. 同行评议（5 分）

（1）同行评议以学院或专业（部）为单位进行。思政教师岗位的同行评议以课程组为单位进行。

（2）同行评议级差为0.5分，高于4分的比例不超过60%。

4. 教师自评（5分）

教师本人对自己所承担的教学工作的质和量作出客观评价。

5. 学生评教（10分）

（1）学生评教分为实时评教和阶段评教，阶段评教每学期进行1次，由各学院教科办组织全体学生上网参评。

（2）实时评教采用网上评教与校、院两级督导的问卷调查相结合的方式，教师若有实时评教，则实时评教占学生评教项的30%。

（3）纳入工作量计算的成教课程学生评教由继续教育处组织，未纳入教务系统的课程由相应课程组或学院组织学生评教，数据及时反馈至相关学院。

6. 学生业绩（10分）

按教师所授课的学生成绩的高低对教师进行考核，由各学院制订细则并实施考核。思政教师岗位学生业绩考核由相应学院制订细则并实施考核。

7. 教学效果得分计算

（1）教学效果得分为前六项之和，若督导评价、管理评价、学生评教、学生业绩考核四部分有一项得分不足4分或同行评议不足2分的，考核为E档。

（2）违反国家法律法规被公检法部门认定有过错的，一票否决，考核为E档。在课堂传播违法、有害观点和言论的，考核为E档。

（3）有其他违背教师职业道德的言行，酌情扣1~10分/次，情节严重的参照第7（2）款。

（4）对违反教师教学工作规范，未达到教学差错或教学事故的，扣1分/次；认定为教学差错的，扣2分/次；认定为教学事故被通报批评的，扣3分/次。因违反教学工作规范给予警告以上处分的，考核为E档。

（5）无正当理由不接受学院、专业、课程组安排的工作，考核为E档。

（6）无故不参加学校（院）教学、科研、学术及其他统一组织的活动等，扣2分/次。参加活动迟到或早退的，扣0.5分/次。

（7）因私事请假，扣0.5分/天，其他参照学校有关考勤制度考核。

（8）其他违反工作纪律或规定的，视情节扣1~2分/次。

（9）凡教学效果得分低于30分的，列入E档。

（三）教改教研

（1）教师教改教研业绩点计算方法按表1执行，考核标准按表2执行。

表1 教师教改教研业绩点量化标准

项目	具体内容及业绩点标准					
优势特色专业类（分/个）	等级	国家级		省级	校级	所列数值为业绩点总额，由项目负责人按贡献进行分配，各成员不超过总额的40%，经学院审核后认定
	获批	1 200		900	300	
	推荐	300		240	150	
新专业申报	学校推荐100分，获批200分					
基地建设	等级	国家示范	国家资助	省级	校级示范	校级合格
	校外	600	450	200	150	60
	校内	600	450	200	150	60
课程类建设项目（分/门）	等级	国家级	省级	教指委	校级	
	获批	1 200	600	600	300	
	推荐	300	150	150	150	
教学研究课题	国家级	省部级		厅局级	市校级	
	1 800	600		180	60	
网络教学资源	全部上网10分/课程，课程资源更新达到要求5分/课程（检查不达标的不计分）					
教学研究论文	高等教育中文类核心刊物			100		
	其他公开发行（ISSN）刊物			30		

教材编写	类别（分/万字）	20万字以内（执笔）	超20万字部分（执笔）	主编（译审）（非执笔）	副主编（译审）（非执笔）
	国家级规划/优秀教材	10	8	3	1
	省级规划/优秀教材	5	4	0.6	
	工学结合教材	4	3	0.6	
	其他教材	3	2.5		
	教学讲义（一门课）	2	1.5		

教学成果奖	等级	国家级	省部级	厅局级	市局级	校级	1. 所列为获一等（最高）奖的业绩点总额，获二等奖以后每隔1位递减50%。2. 由项目负责人按贡献进行分配，各成员不超过总额的40%，经学院审核后认定
	一	6 000	2 400	1 200	300	180	
教研论文教材获奖	等级	国家级	省部级	厅局级	市局级	校级	
	一	1 200	600	450	210	105	
参赛获奖	等级	国Ⅰ类	国Ⅱ类	省部级	厅局级	市局级	校级
	本人获奖	1 200	600	300	150	60	30
	指导学生获奖	300	150	75	45	30	15

表 2　教师教改教研业绩点考核标准

业绩点		类别			
		正高级	副高级	中级	初级及以下
教改教研	专任教师（点/年）	80	60	20	10
	兼任教师（点/年）	40	30	10	/

（2）对于业绩点超出考核标准部分，项目主持人或论文第一作者的教改教研业绩点按80％结转到下一年，折完为止，其余人员不结转。

（3）业绩点达不到考核标准的，根据实际业绩点的比例折算成考核分值。

（四）加分项目

（1）获得国家级精品课程、精品资源共享课、规划教材、教学名师、教学团队、教改项目、科研项目、教学成果奖的主持人加5分。如有团队的，其后按序加4、3、2、1分，排名第五后不加分。

（2）获得省级精品课程、精品资源共享课、重点教材、教学名师、教学团队、教改项目、科研项目、教学成果奖的主持人加3分。如有团队的，其后按序加3、2、1、1分，排名第五后不加分。

（3）指导学生参加省级以上一类学生科技竞赛，获得国家级一等奖得5分，省级一等奖或国家级二等奖得4分，省级二等奖或国家级三等奖得3分，省级三等奖得2分；二类学生科技竞赛按相应等级降一级赋分。对于2人以上指导同一项目（队）的按比例分配上述分值的1.5倍，其中2人按5∶5，3人按5∶3∶2，4人按4∶3∶2∶1，5人按4∶3∶1∶1∶1的比例分配。

（4）未列入的其他国家级、省级获奖、荣誉或项目由人事处、教务处、科技处、学生处共同认定后比照上述条款加分。

（5）同一科研项目或同一科研奖励只能在折抵工作量和加分项目中选其一，不重复计算。

四、考核方法

（1）各学院应及时组织对教师的平时检查、督导、听课等工作，及时记录教师的教学、建设、研究、服务等工作。

（2）各学院可根据本意见制订教师学期考核方法。

（3）各学院可制订教师年度考核办法实施细则并组织考核。

（4）各类教师教学工作业绩分档考核，A 档比例不超过 20%，B 档及以上比例不超过 60%。

（5）新进教师进校当年参加考核但不参加定级。

（6）兼任教师的教学工作业绩考核作为该教师的教学业务考核，归入教师业务档案。

五、有关说明

（1）不列入实验技术岗位的实践教学人员参照管理岗位人员考核办法进行考核。

（2）各考核单位对当年度教师教学业绩考核结果应当进行公示，公示无异议后报学校考核领导小组审批，审批后由人事处、教务处存档，考核结果纳入网络管理系统，供教师个人查询。

（3）各学院应保证考核对象"应考尽考"，教师本人也应高度重视教学工作业绩考核工作，发现遗漏的，应在考核结果纳入网络管理系统后两周内向相应考核部分提出补遗申请，逾期不补。

（4）本办法解释权归教务处，自公布之日起执行。

A 学院教师工作量管理办法（试行）

第一章　总　则

第一条　为有力推进学校建设和高质量发展，提高学校精细化管理水平，根据"放管服"和目标管理的要求，开展教师工作量管理的综合改革，结合学校实际情况，制订本办法。

第二条　向二级学院下放部分事权，有效调动各二级学院、专任教师的工作积极性、创造性，最大限度发挥专任教师的专业特长；在保证完成学校教学任务的前提下，有效推动重大教科研工作上水平，有效落实各类服务工作。

第三条　学校规定专任教师的教师工作量要求（以下简称工作量要求），并实行考核。

第四条　本办法所称"教师工作量"分为教学部分（含教学工作量、教学督导员工作量）和科研部分。

第五条　本办法适用于我校专任教师。

第二章　教师工作量规定

第六条　专任教师根据所选择的教师类型，每年须同时完成相应工作任务，具体要求如下：

教师类型	教学部分（学时）	科研部分（科研分）	
教学型	412	正高	2
		副高	1
		中级	0.5
		初级	0
教学科研型	360	正高	6
		副高	4
		中级	2
科研型	216	16	

试行第一年（即 2021 年）的科研分按要求的 50% 计算。专任教师入职我校当年的科研分按要求的 50% 计算。

第七条　教师类型。学校对专任教师实行分类管理，发展优势，促进尽快成长。教师分为教学型、教学科研型与科研型。教学型以教学工作为主，承担少量科研工作；教学科研型以教学工作为主，承担一定的科研工作；科研型则在承担一定的教学工作的基础上，主要开展科学研究、科技开发、技术成果推广等工作。

各二级学院根据学校发展要求和学院的工作需要，结合每位教师的实际情况和意愿，研究确定其教师类型，报人事处备案。教师类型从研究确定的当年1月份开始执行，新入职专任教师从其入职当日开始执行。教师类型一经确定，原则上在同一聘期内不再做调整。

1. 担任校级及以上科研平台负责人的专任教师应确定为科研型教师。科研平台的级别和负责人以在科技处的备案为准。

2. 50岁以下的博士、在第一个聘期内的新引进高层次人才（以下简称高层次人员），原则上确定为科研型教师。如本人确实无法完成科研型教师的工作量要求，可申请调整为教学科研型，但调整的人数不得多于本学院高层次人才的30%。所在学院研究决定后报人事处审定。

第八条 二级学院在不突破本学院专任教师编制数、完成本学院教学任务的前提下，可统筹协调、灵活自主安排专任教师的教学工作。

第九条 学校为尽力满足专任教师拥有更充足时间、更充沛精力完成重大教科研、服务工作，或在当下成果基础上再次投入，争取更大业绩，规定以下项目可折算为教学工作量。

（一）教学能力类。

参加由政府部门组织或主办的教学比赛，国家级折算108学时/项，省级折算54学时/项。

（二）教材编写类。

排名第一主编规划教材，国家级折算72学时/项，省级折算36学时/项。

（三）平台建设类。

1. 主持省级以上平台类项目（非竞争性项目除外），包括教学团队、专业建设、课程建设（包括课程和专业教学资源库）、创新创业基地建设、协同育人平台、网络思想政治教育平台等项目和现代学徒制、1+X试点等试点项目，国家级折算72学时/项，省级折算36学时/项。

2. 主持省级以上科研平台、应用技术协同创新中心、工程中心、重点实训室等，国家级折算72学时/项，省级折算36学时/项。

3. 主持新建或改造校内实践教学基地（含实训基地、公共实训中心和职业能力培养虚拟仿真实训中心），建设经费达200万元，折算36学时/项。

（四）指导学生类。

1. 指导学生参加由政府部门组织或主办的职业技能比赛，国家级折算

72 学时/项，省级折算 36 学时/项。

2. 指导学生参加由政府部门组织或主办的省级以上体育、美育比赛（含全国大学生单项锦标赛），每两个单项项目折算 18 学时，每个集体项目折算 36 学时。

（五）专业能力类。

参加由政府部门组织或主办的专业技能比赛，国家级折算 108 学时/项，省级折算 54 学时/项。

（六）课题研究类。

1. 主持国家级课题，折算 72 学时/项。

2. 主持省级课题，重点项目折算 54 学时/项，非重点项目折算 24 学时/项。

3. 主持横向课题到账经费累计达 20 万元（人文社科类达 10 万元）折算 18 学时/项。到账经费每满 20 万元（人文社科类每满 10 万元）按一个项目计算，以此类推。

（七）技术转移转化类。

1. 获得国家发明专利，折算 36 学时/项。

2. 研发具有市场发展前景和应用价值的高新技术并成功实现转化和产业化，技术转让交易额累计达 20 万元，折算 36 学时/项。技术转让合同以市级以上科技部门登记为准。交易额每满 20 万元按一个项目计算，以此类推。

3. 获授权专利（排名第一）且实现转化金额达 5 万元，折算 18 学时/项。转化金额每满 5 万元按一个项目计算，以此类推。

（八）培训类。

1. 完成社会化培训项目，为学校创收净利润达 30 万元，折算 36 学时/项。创收净利润每满 30 万元按一个项目计算，以此类推。

2. 完成国培、省培、市培项目，到账经费累计达 30 万元且项目考核结果合格，折算 18 学时/项。到账经费每满 30 万元按一个项目计算，以此类推。

（九）人才项目类

1. 入选由政府部门遴选认定的团队类人才项目，国家级折算 180 学时/项，省级折算 108 学时/项。

2. 入选由政府部门遴选认定的个人类人才项目，国家级折算 90 学时/项，省级折算 54 学时/项。

（十）论文类。

学校科研工作量分与奖励办法中所规定的在 SSCI、SCI、EI 等核心期刊发表的学术论文，第一作者折算 72 学时/篇；学校科研工作量分与奖励办法中所规定的在北大核心期刊发表的学术论文，第一作者折算 36 学时/篇。

（十一）重大工作类。

1. 承担学校年度重大工作的，可折算不多于 2 个教学型专任教师的教学任务要求。具体方案由相关职能部门制定，报校长办公会议研究确定。

2. 二级学院年度内承担重要应急工作的，可根据情况决定折算合计不多于 0.5 个教学型专任教师的教学任务要求。具体方案由二级学院制订，报人事处备案。

（十二）服务工作类。

序号	项目类型	折算标准
1	参与教研活动	0.2 学时/次，每年最多折算 2 学时
2	撰写案例	3 学时/个，每年最多折算 6 学时
3	推荐学生就业	0.4 学时/生，每年最多折算 6 学时
4	指导学生参加创新创业大赛	3 学时/项，每年最多折算 6 学时
5	指导学生开展社会实践活动	3 学时/个，每年最多折算 6 学时
6	担任学生社团指导教师	15 学时/个·年
7	指导学生参加竞赛展演	3 学时/个，每年最多折算 6 学时
8	担任班主任	20 学时/班·年

每名专任教师此项的合计折算上限为 20 学时/年，超过部分不予计算。

第十条 相关规定。

（一）第九条涉及的折算工作量项目，其牵头单位或第一完成人的工作单位应是"A学院"。有级别要求的项目以盖有相关行政主管部门的公章为准。

（二）各类业绩成果的有效性、级别、排名等均以学校业务归口管理部门的解释界定为准。

（三）教学能力类、指导学生类和专业能力类的省级项目须是经学校遴选后递送的优秀项目。

（四）工作量折算由项目主持人负责分配。

（五）工作量折算的有效期。自获得成果（即获得参加竞赛资格、出版专著、项目立项等）之日起即可申请，至项目完成之后一年内有效，可在有效期内分期折算。有建设期的，可在建设期限内自主安排折算申请时间。

（六）上述项目由学校相关职能部门负责核定、管理。对于已折算工作量但当事人未参加或未完成的项目，学校相关职能部门须向人事处报备，学校将扣回已折算的工作量,追回多发金额,并视具体情况追究当事人责任。

第三章 教师工作量考核

第十一条 全校教师工作量考核工作由学校考核工作领导小组负责。

第十二条 教师工作量考核分为年度工作量考核和聘期期满工作量考核。年度工作量考核按自然年度进行。对于在全校教师工作量考核前离职的专任教师,在其办理离职手续时一并进行工作量考核。

第十三条 教师工作量的审核。

(一)教学工作量、教学督导员工作量、科研工作量直接由相关职能部门据实审核。

(二)符合第九条规定的工作量折算由项目获得者填报"教师工作量折算申请表",二级学院和相关职能部门负责审核。其他可折算情形由相关职能部门进行核定。

(三)各二级学院和相关职能部门须于每年1月、8月将负责核定的数据报送人事处,人事处负责整理、汇总。各二级学院上报的数据须先在本单位内部公示3个工作日。

第十四条 教师工作量考核办法。

专任教师完成工作量要求的,其考核结果为达标;基本完成工作量要求的,其考核结果为基本达标;未完成工作量要求的,其考核结果为不达标。

(一)本条所称的"完成工作量要求"是指:

1. 年度工作量考核时,教学任务和科研任务的完成率均达100%。教学任务完成率达100%,科研任务完成率未达到100%但不低于50%的,暂视同为完成工作量要求。

2. 聘期期满工作量考核时,总教学任务和总科研任务的完成率均达100%。总教学任务(总科研任务)是指三年聘期内各年度教学任务(科研任务)的累加值。

(二)本条所称的"基本完成工作量要求"是指:

1. 年度工作量考核时,教学任务完成率不低于90%,且科研任务完成率不低于60%。

2. 聘期期满工作量考核时,总教学任务完成率不低于90%,且总科研任务完成率不低于70%。

(三)本条所称的"未完成工作量要求"是指:

1. 年度工作量考核时,教学任务完成率低于90%,或教学任务完成率低于100%、科研任务完成率低于60%。

2. 聘期期满工作量考核时,总教学任务完成率低于90%,或总科研任务完成率低于70%。

第十五条　教师工作量考核结果上报校考核工作领导小组审核，并反馈给各二级学院，各二级学院在内部以适当方式公示。

第十六条　教师工作量考核结果直接与专任教师个人的绩效考核、绩效考核奖分配挂钩。

1. 年度教师工作量考核结果为达标的，其绩效考核结果可定为合格及以上等次。

2. 年度教师工作量考核结果为基本达标的，其绩效考核结果不得定为良好及以上等次。其中定为合格等次的，须相应扣发其二级单位绩效考核奖（具体扣发规定由各二级学院自行研究决定），在考核合格奖中扣发其未完成教学任务扣款、未完成科研任务扣款，扣款金额计算公式为：

（1）未完成教学任务扣款＝未完成教学任务比例×5万元。

（2）未完成科研任务扣款＝未完成科研任务比例×5万元。

定为基本合格或不合格等次的，不予计发绩效考核奖。

3. 年度教师工作量考核结果为不达标的，其绩效考核结果不得定为合格及以上等次，不予计发绩效考核奖。

4. 聘期期满工作量考核结果为达标的，其聘期考核结果可定为合格及以上等次；工作量考核结果为基本达标的，其聘期考核结果不得定为优秀等次，在新一聘期中不得聘用到高于考核时所聘岗位等级的岗位；工作量考核结果为不达标的，其聘期考核结果定为不合格，在新一聘期中聘用到考核时所聘岗位等级的低一级岗位。

第四章　其他规定

第十七条　教师工作量的职务折算标准：

（一）二级学院院长（含主持工作的副院长），折算工作任务要求的70%；二级学院副院长，折算工作任务要求的60%。

（二）教研室主任，折算工作任务要求的20%；教研室副主任，折算工作任务要求的15%。

（三）教师党支部书记，折算工作任务要求的20%。

本条所称的"工作任务"是指教学任务和科研任务。

第十八条　工作量折算的上限。专任教师按上述规定进行的折算可累加计算，但折算后的实际教学工作量不得少于144学时/年，折算的上限为教学任务要求与144学时的差额，多出部分不得计算课酬。

计算公式为：折算上限＝教学任务要求－144学时。

第十九条　经学校批准参加借调、挂职、扶贫、下企业锻炼等，其间的教师工作量视同为满工作量。

第二十条 专任教师在工作量考核时，经学校批准的请假期间的教学任务不作要求。本条所称的"请假"是指产假或当年度累计请假超过1个月的病假、事假、哺乳假。

第二十一条 专任教师参加脱产进修的，其间的教学任务要求按进修协议执行。

第二十二条 学院中层干部折算后完成的教学任务不得超过6学时/周，超过部分不发放课酬。

第二十三条 学院党总支（直属党支部）专职书记（副书记）无教师工作量要求。

第二十四条 年满57周岁的教学型专任教师的教学任务要求减少为360学时/年，科研任务不作要求，从其满57周岁的当年开始执行。

第二十五条 课酬标准。专任教师超工作量课酬按以下标准执行：正高级，50元/学时；副高级，45元/学时；中级，40元/学时；助理级，35元/学时。

第五章 附 则

第二十六条 实行协议工作内容的专任教师，按协议规定执行。

第二十七条 本办法自×年×月起实施。

第二十八条 其他原有管理规定与本办法不一致的，以本办法为准。

第二十九条 本办法未尽事宜由学校另行研究决定。

第三十条 本办法由人事处负责解释。

A 学院绩效考核奖实施办法

第一章 总 则

第一条 为建立以考核评价为导向的薪酬激励机制，科学评价二级单位和教职工的工作成效，有力推动学校各项事业的发展，根据上级有关规定，结合学校实际，制定本实施办法。

第二条 绩效考核奖用于对教学、科研及行政管理等工作的奖励。向关键岗位、业务骨干和做出突出成绩的二级单位和工作人员倾斜。

第三条 本办法适用于学校各二级单位和没有下列情况的财政编制教职工：计发年度的年度考核结果为基本合格、不合格以及不进行考核或参加年度考核不定等次的（新录用工作人员在试用期内的情形除外）。

第二章 绩效考核奖的构成

第四条 绩效考核奖由学校统筹考核奖和二级单位绩效考核奖等两部分组成。

第三章 学校统筹考核奖

第五条 学校统筹考核奖主要用于对学校发展具有重要作用的工作业绩、成果进行奖励。项目包括考核合格奖、重大业绩奖和考核优秀奖。

第六条 考核合格奖。根据教职工在计发年度的全年岗位分数进行计发，发放分值视学校绩效考核奖总量情况进行确定。计算公式为：个人奖励金额＝个人在计发年度的全年岗位分数×发放分值。

第七条 重大业绩奖。由职能部门会同人事处制定具体奖励分配方案，报学校研究决定。其中，奖励金额 10 万元以下的，报校长办公会研究决定；10 万元及以上的，报校党委会研究决定。项目包括：

（一）"重大贡献奖"。用于奖励计发年度在管理服务工作中取得特别突出业绩的单位、团队或个人。须提供相应绩效评价材料。

（二）"重大成果奖"。用于奖励计发年度在教学、科研工作中获得重大成果的单位、团队或个人。

第八条 考核优秀奖。用于对计发年度的年度考核结果为优秀的教职工进行奖励，奖励标准为 2 000 元/人。

第四章　二级单位绩效考核奖

第九条　二级单位绩效考核奖实行二级分配，以总额包干、超支不补、结余不留为原则。

第十条　实施程序：学校根据本办法核定各单位的二级单位绩效考核奖金额。各二级单位按照要求制定内部分配方案，方案经审批备案后，将分配结果报人事处核定发放。

第十一条　二级单位绩效考核奖的核定

二级单位绩效考核奖包括基础奖励金额和创收激励额度。

（一）基础奖励金额 = 本单位教职工数 × A × B。

（二）创收激励额度。本项规定适用于教学单位。激励额度为 1 万元/人，相应经费从各教学单位的创收提留资金中解决。

说明：

1. "本单位教职工数"指本单位计发年度的月均教职工数，不包括本单位中层干部人数。

2. 符号"A"表示全校二级单位绩效考核奖人均标准。该标准由学校根据全校可用于绩效考核奖发放的总金额、学校发展需要等因素综合考虑确定，不低于 2 万元/人。

3. 符号"B"表示本单位计发年度的绩效考核结果系数。系数分别为：优的为 1.2，合格的为 1，不合格的为 0.8。

第十二条　二级单位绩效考核奖分配方案的制定。

（一）制定分配方案要坚持多劳多得、优绩优酬，形成级差，不得搞平均主义，最高奖励金额原则上不少于本单位绩效考核奖人均水平的 1.3 倍。切实保证本单位各项工作任务得到落实，有利于提高教学、科研、管理和服务水平，有利于学科、专业的建设与发展，有利于人才队伍的建设与发展。

（二）分配方案的制定过程要公正、公开、公平，充分发扬民主，广泛征求本单位党员和其他职工意见，经职工全体会议讨论并经单位领导班子集体研究通过，在本单位公示 5 个工作日无异议后，报经学校绩效工资工作领导小组批复后方可实施。

第十三条　二级单位绩效考核奖的发放。

（一）各单位根据内部分配实施方案，自主核定分配结果。

（二）分配结果须在本单位公示 3 个工作日后，报人事处核定。

（三）核定无误后，由人事处统一交由计划财务处进行发放。

第五章　其他规定

第十四条　校领导、中层干部不参与本单位的二级单位绩效考核奖分配。

第十五条　绩效考核奖经费的使用按以下次序安排：重大业绩奖、考核优秀奖、二级单位绩效考核奖、考核合格奖。

第十六条　"计发年度"是指计算绩效考核奖所依据的业绩、绩效相应的年度。

第十七条　在计发年度入职或因退休、单位调动等原因离职的人员，在计发绩效考核奖时，如无其计发年度的年度考核结果、个人绩效考核结果，则其考核结果均视同为合格。

第六章　附　则

第十八条　本方案由人事处解释。本方案未涉及的事宜，由校党委会研究决定。

第十九条　本方案自×年×月×日起执行。

附录二 访谈记录示例

访谈代表 A 类

1. 访谈对象的基本情况（学校地域、性别、职务、工作年限等）。

学校地域：广州；性别：男；职务：学校人事处管理者；工作年限：14年。

2. 问：你对绩效管理认识如何？你认为绩效管理适合用在高职院校教师这样的群体吗？

答：绩效管理是一套比较成熟的管理体系，在企业中应用得比较广泛，绩效管理也有自己的一套固有体系，主要作用还是用来激励的。

绩效管理应该在几年前就开始被高校拿来对教师这个群体使用了，有些高职院校也在用，但据我了解，效果好像都不太好。尽管效果不好，我还是坚持认为绩效管理应该比较适合高职院校教师这个群体的。

3. 问：你认为学校对教师进行绩效管理的目的是什么？

答：从学校层面来讲，我觉得对教师进行绩效管理肯定希望通过绩效管理让教师能够出成果，然后帮助学校提升知名度和影响力。除此之外，也可以提升科学治理水平。毕竟绩效管理是比较成熟的管理体系。

从教师角度来看，希望绩效管理能促进教师不断成长和进步。绩效好的得到的多，绩效不好的得到的少，对教师来说也是比较公平的。

4. 问：你认为作为管理者，在绩效管理体系中的作用或者角色定位是什么？

答：我觉得作为管理者，在这个体系中首先应该就是个管理者或主导者。包括考核方案的制定、体系的开展、结果的运用，这些都需要管理者发挥智慧。管理者的意识和行为往往会决定绩效管理的走向和效果。其次，管理者在这个体系中应该也是个纽带。绩效管理体系的各个环节，都需要管理者参与其中，发挥协调作用，保证绩效管理的各个环节都能顺利进行。

5. 问：你认为学校在教师绩效管理方面主要存在的问题或者比较大的挑战是什么？

答：存在的问题主要是学校领导层缺乏对绩效管理的信心，这一点很重要，缺乏信心会导致绩效管理不佳，而且对绩效管理的重视程度不够，直接导致绩效考核结果应用有限，这些都会直接影响教师绩效管理的效果。

还有一个主要问题是绩效评价体系的问题。绩效评价体系每个学校都有一套，各有特色。尽管如此，没有哪个学校的评价体系可以让所有的教师满意，都会有弊端。所以怎么建立一套最合理化的绩效评价体系，是很多院校面临的重要的挑战。

6. **问**：你对绩效管理工具熟悉吗？你认为哪种比较适合教师绩效管理？

答：我从事人事工作十四年时间，对绩效管理工具还是相对熟悉的。之前我们用得比较多的是年度考核那种360度全方位考核。这种工具有它的优点，比较好操作，操作的技术含量要求不高；但是也有很大的缺陷。这种评价考核主要是通过各个对象的打分评价来形成综合评价。这种评价主观性很强，定性评价比较多，有些都互不认识就打分了，所以结果的可信度比较低。

现在有些院校在使用目标管理，我觉得这种比较适合教师绩效管理，每年制定目标，通过目标来进行考核，操作起来也不复杂，效果也明显。

7. **问**：就您所知，制定和修改学校的绩效管理制度一般由哪些人参加？

答：一般有分管校领导、人事处领导和工作人员，还有像科研、教学等职能部门也会参与吧。更多的应该是领导层，教师本人应该不会参加制度的制定过程。

8. **问**：你觉得二级学院在教师绩效管理中的作用是什么？

答：其实二级学院是教师绩效管理的直接操作实施方，学校不可能直接面对教师，都是二级学院在面向教师。而且很多绩效指标是二级学院制定和提出，学校更多的是面向二级单位提要求。二级学院是教师绩效管理的主要阵地。

9. **问**：你认为怎么给教师提明确的期望绩效标准比较好？你认为是否有必要根据专业制定不同的考核指标？

答：我觉得二级学院应该有自己的一套办法。首先要将教师进行分类；然后根据分类和各自的特长，来分配绩效目标和任务；最后再综合学院的发展和学校的目标，统筹考虑。

第二个问题，我觉得必要性不大。不同专业的教师，其实绩效指标大同小异，如果按照专业来制定指标，一方面工作量会大增，另一方面同一学院的教师会面临不同的考核指标，大家横向比较会有落差。

10. **问**：你认为高职教师绩效指标应该在哪方面加大权重？

答：高职还是与普通高校有区别的，在教师绩效指标确定上也是侧重不同的。高校可能在科研上是相当侧重的，我觉得高职教师反而没有那么大的权重在科研，更多的权重应该放在教学和社会服务上，特别是社会服务。社会服务性是高职的一个特色，也是一个重要任务，在校企合作、产学研结合、为社会服务效果等方面应该加大权重，更加凸显高职的角色作用。

11. **问**：你认为绩效反馈重要吗？反馈的难度在哪？反馈要怎样进行对教师才有意义？

答：绩效反馈很重要。如果不反馈，教师怎么知道自己的弱势在哪里，下次弱势依然还是弱势。

我觉得反馈的难度应该是耗费精力比较多，反馈肯定是每个人各有不同，要全面了解教师的情况，而且还要帮教师分析他的优劣势在哪，向他提供一些改进的建议。反馈这一步对管理者的要求很高，不管是精力还是能力方面，这都是一个挑战。

反馈肯定是一对一才更有意义，而不是全体教师开个反馈会，大方向来说反馈意见，这样就没有针对性，效果肯定不好。另一方面，反馈的时效性越强越好，意思是说在绩效管理的过程中，随时地发现问题，随时地反馈，及时地扭转局面，而不是在考核的时候才提出反馈，这样对教师的成长不是最有利的，反馈的效果也不如出现问题的时候反馈。

12. **问**：学校办事程序是否高效？是否能够避免不必要的步骤和无用的行动？贵校如果程序高效，能否举例介绍一下。如果存在问题，一般是哪些方面不合理，需要完善程序？

答：学校办事程序是否高效是验证一个学校管理水平的重要参考。我们学校办事程序还算高效，领导也要求尽量避免不必要的步骤和无用的行动。比如，我们现在信息化建设得比较好，教师很多办事流程都直接在办公系统上走，领导在手机上就可以登录签字审批，效率比较高。另外，我们行政管理部门对自己所属的办事业务，都有明确的流程公布给教师，让大家很清楚具体的办事流程，这样工作起来就比较高效率。

13. **问**：绩效考核结果的运用方面，学校是怎么激励的？

答：我们把绩效考核结果和年度考核结果挂钩。因为在学校，年度考核结果还是相对重要的一个结果，可能会决定很多待遇还有岗位的问题。另外就是最直接的一种激励，绩效考核结果与物质奖励对应，激励绩效优秀的教师。

14. **问**：除了这些大家看得见的奖励，还有没有隐形的鼓励？比如晋升、培养或是更多的信任等。

答：你说的这些隐形鼓励或多或少肯定是有的，比如在教师岗位晋升或者领导干部选拔上，绩效考核结果也是重要的参考指标，这些影响一般是滞后性的，不能在绩效考核的当年就显现出来。像你说的更多的信任这种，没办法看出来，但是肯定会影响对某个教师的综合判断。

15. **问**：对绩效考核结果不好的，有惩罚措施吗？

答：其实这一点还是有些欠缺，我们学校的调子还是以奖励、激励为主。除非教师的绩效很差，各方面都不好，到时绩效考核不合格，那还是会直接影响他的收入，也会影响他的年度考核和晋升的。但这些不具有普遍性，一般是比较少的人才会受到惩罚。

16. **问**：你觉得学校管理者和二级学院管理者有必要接受绩效管理的培训吗？

答：非常有必要。上面一些问题中，我也说了学校管理者和二级学院管理者在教师绩效管理过程中的重要作用，如果管理者没有足够的绩效管理能力和知识储备，很难在绩效管理工作中发挥积极有效的作用。现在有些管理者的意识里根本就缺乏绩效管理这根弦，对操作一知半解，这些在很大程度上制约着教师绩效管理的推进和实施。

17. **问**：你觉得高职院校教师绩效管理中还有哪些值得改进和注意的地方？

答：首先，我觉得我们高职院校对教师的定位一定要明确，把"双师型"素质充分考虑进考核指标中去，完善指标体系。高职院校肯定和普通高校的方向、侧重点都不相同，这一点很重要，不要拿来主义。

其次，我觉得二级学院的机构和结构要健全，教师绩效管理很多工作都是直接在二级学院实施，需要二级学院有足够的人，有足够能力的人去执行，目前的情况不容乐观。

最后，绩效管理的结果应用要更有效、更广泛，不能只局限在很小的物质奖励方面，在职称、晋升、培养各个方面都应发挥作用。

访谈代表 B 类

专业教师01：

1. 访谈对象的基本情况（学校地域、性别、职务、工作年限等）。

学校地域：广州；性别：女；职务：讲师，经济师；工作年限：大中型企业工作5年，学校专任教师10年。

2. **问**：领导会不会给你们下达明确的、可以评估的绩效任务/工作目标及标准？如果有，多久一次？你们部门是如何下达这个绩效标准的？如果没有，你觉得怎么给教师提明确的期望绩效标准比较好？

答：（1）会。专业教学方面全校有统一要求和统一标准，即平时工作中，专业教学每个教师每年必须完成432学时的工作量，每学期每门课都会采用学生评教打分，然后在整个二级学院进行总体排名，同时教学督导也会进行督导和随机听课。带学生比赛，按照比赛的规则和标准；专业建设，不同的建设内容都有相关的标准，比如课程标准，等等。

（2）下达时间是根据工作需要进行的。

（3）下达绩效标准的方式是通过二级学院会议或者教研室会议，和管理学院 QQ 群或者营销教研室 QQ 群。

3. 问：对于教师的工作（包括教学、科研、社会服务、专业建设、指导学生等），学校和二级学院是怎么样进行指导的？效果怎样？如果没有，你希望在哪些方面提供工作指导？

答：通过提供各种培训和讲座进行工作能力的提升。

最大的希望是有一个真的能帮到自己的师傅，在工作中遇到困惑和问题时可以请教。

4. 问：领导是不是能及时提供与工作相关的反馈？你认为反馈重要吗？反馈的难度在哪？在学校，反馈要怎样进行对教师才有意义？

答：我认为反馈对工作的提升非常重要。反馈的难度在于如何让教师清晰地认识到自己的问题，知道从哪些方面去改进，同时又不会尴尬！

在学校，目前是以学生定量评价为主，学生都是靠感觉打分，希望多一些定性评价。比如这一方面打分高，是因为教师哪里做得好；这一方面打分低，是觉得哪里不好，希望教师达到什么程度和如何做。这些实质性的反馈才能真正帮到教师改进绩效，提升能力。

5. 问：学校办事（围绕跟教师绩效产出相关的职能部门：教务处、科技、财务、学生处等）程序是否高效？是否能够避免不必要的步骤和无用的行动？贵校如果程序高效，能否举例介绍一下？如果存在问题，一般是哪些方面不合理，需要完善程序？

答：本校办事程序是比较高效的。有些方面还是可以避免不必要的无用的劳动的。比如，财务部根据不同类的经费写一个报销流程指引，和每个节点应该注意的事项，随着政策改变，随时进行更新。这样就避免教师一直咨询财务人员，财务人员疲于应付，无耐心回答，同时也可以避免专任教师为报销一个项目跑多次这种低效率的情况出现。

6. 问：在学校，我们老师要完成指定的工作任务，是不是可以获得领导、同事、跨部门充分的支持及帮助？如果得到了很好的支持，能否举例介绍一下？你认为哪方面的支持对你的工作影响最大？如果未得到支持，你最希望得到的支持是什么？

答：隐形的知识显性化应该对教师的帮助最大。比如申报课题时教师需要知道优秀的申报课题书是怎样的，希望有优秀的申报书参考学习；带比赛或者参加比赛时，想知道以前做得好的教师是如何做的，以及需要注意的事项。

最希望得到的支持是信息透明化。

7. 问：在教师开展教学、科研、社会服务、专业建设、指导学生等工作时，学校提供的辅助资源以及搭建的平台有哪些？如果不尽如人意，那么哪些方面需要改善？（解释下：这里主要探讨物质方面的、有形的资源、平台等）

答：教学方面，学校提供超星、爱课程等平台供我们建设线上课程。

科研方面，学校提供中国知网、科研培训讲座等资源。

指导学生比赛，学校团委会提供相关的辅助和指引。

社会服务方面，希望学校能给我们搭建一个基本平台。

8. 问：学校是否根据优秀表现给予显著的奖励或其他隐性的鼓励？（奖励、晋升、学习的机会、更多的信任等）

答：是，学校会评优秀教师，也有奖金；获得教学比赛，也会有奖金奖励。获得这些物质奖励的同时会有隐形的奖励，比如可以建立自己的自信心，可以树立在同事间的影响力。

9. 问：在学校，教师表现不佳是否存在明确需承担的后果？你觉得有必要吗？为什么？（后果大概是：物质方面的惩罚、降职、降薪、晋升受阻、调岗等）

答：以前不存在，但是现在已经开始改革，学生评教结果与教师职称评审挂钩，部门绩效也是多干多拿，干好的绩效会多。

10. 问：工作的报酬是否公平？干好干坏有明显的差异吗？体现在哪些方面？

答：相对比较公平，因为教师的薪资主要影响因素是职称，薪资随着职称的高低在变动。

另外，现在开始干好干坏还有点差异，主要体现在绩效工作部分。

专业教师02：

1. 访谈对象的基本情况（学校地域、性别、职务、工作年限等）。

学校地域：广州；性别：女；职务：专任教师；职称：初级职称；工作年限：2年。

2. 问：领导会不会给你们下达明确的、可以评估的绩效任务/工作目标及标准？如果有，多久一次？你们部门是如何下达这个绩效标准的？如果没有，你觉得怎么给教师提明确的期望绩效标准比较好？

答：不会，不清楚如何评判绩效，但下达任务时会明确时间节点。授课可通过课时数确定绩效，平时工作很难定量考核。

3. 问：对于教师的工作（包括教学、科研、社会服务、专业建设、指导学生等），是怎么样进行指导的？效果怎样？如果没有，你希望在哪些方面提供工作指导？

答：没人主动指导，自己遇到不懂的会主动去问。希望老教师能帮带新教师。

4. **问**：领导是不是能及时提供与工作相关的反馈？你认为反馈重要吗？反馈的难度在哪？在学校，反馈要怎样进行对教师才有意义？

答：很少。反馈很重要，难度在于高校教师很多工作难以进行量化考核，且领导未必知道你在干什么。反馈不应该是基于领导个人的角度，而应该从教师工作所涉及的团队成员处搜寻信息。

5. **问**：学校办事（围绕跟教师绩效产出相关的职能部门：教务处、科技、财务、学生处等）程序是否高效？是否能够避免不必要的步骤和无用的行动？贵校如果程序高效，能否举例介绍一下？如果存在问题，一般是哪些方面不合理，需要完善程序？

答：一般。比如财务处报账都是人工流程，且经常被返单。大学城很多高校已采用自动投递报账，财务处审核如果未通过，会短信通知改进事项，避免教师多次往返于报账与退单流程之间。

6. **问**：在学校，我们老师要完成指定的工作任务，是不是可以获得领导、同事、跨部门充分的支持及帮助？如果得到了很好的支持，能否举例介绍一下？你认为哪方面的支持对你的工作影响最大？如果得不到支持，你最希望得到的支持是什么？

答：暂未经历。

7. **问**：在教师开展教学、科研、社会服务、专业建设、指导学生等工作时，学校提供的辅助资源以及搭建的平台有哪些？如果不尽如人意，那么哪些方面需要改善？（解释下：这里主要探讨物质方面的、有形的资源、平台等）

答：不清楚。

8. **问**：学校是否根据优秀表现给予显著的奖励或其他隐性的鼓励？（奖励、晋升、学习的机会、更多的信任等）

答：是，比如科研奖励。

9. **问**：在学校，教师表现不佳是否存在明确需承担的后果？你觉得有必要吗？为什么？（后果大概是：物质方面的惩罚、降职、降薪、晋升受阻、调岗等）

答：是，比如学生评教结果与教师职称评审挂钩。政策制定合理的情况下，有必要实施奖惩措施对教师的行为进行约束或鼓励。

10. **问**：工作的报酬是否公平？干好干坏有明显的差异吗？体现在哪些方面？

答：财编与校编教师收入差距大，干好干坏对收入没太大影响。

访谈代表 C 类

1. 访谈对象的基本情况（学校地域、性别、职务、工作年限等）

学校地域：广州；性别：女；职务：二级学院管理者；工作年限：16 年。

2. 问：你对绩效管理认识如何，你认为绩效管理适合用在高职院校教师这样的群体吗？

答：绩效管理对于促进教师改进绩效，朝着学校及学院发展方向努力有一定价值，适应高职院校教师这样的群体。绩效管理应该在几年前就开始被高校拿来对教师这个群体使用了，有些高职院校也在用，浙江、江苏的高职院校很早就开始绩效管理，并且学校里面老师的报酬、晋升都会跟绩效管理挂钩。

3. 问：你认为学校对教师进行绩效管理的目的是什么？

答：正确认识绩效管理，不仅对学校，对个人都会有不小的促进作用。个人在绩效管理体系面前，会激励自己朝着学校发展目标努力，而不再是简单的上完课就不顾，另外干多干少，有了绩效管理一目了然，自然报酬的公平性也相对好操作，不再是平均主义；从学校层面看，通过绩效管理，明确绩效目标，可以让教师们为此目标而努力，从而帮助学校提升知名度和影响力。

4. 问：你认为作为管理者，在绩效管理体系中的作用或者角色定位是什么？

答：我觉得作为管理者，首先应该是绩效目标的共同制定者，这个目标必须符合学校、学院发展目标；另外考核指标、体系的开发管理者都要做好调研；同时考核方案的实施、结果的运用都要从制度上解决落地的问题，这样才不会流于形式。

5. 问：你认为学校在教师绩效管理方面主要存在的问题或者比较大的挑战是什么？

答：一直以来都是根据职称、承担课时量等来决定报酬多少的，就连年末的奖励也基本是平均主义，不想打破这种局面，同时也认为不管哪些老师成果多少，90%左右的同事都还是在努力的。另外，二级学院用于分配的金额太少，不希望一点点钱打破平衡。学校层面的绩效管理办法、绩效分配办法都没有相应政策，二级学院更加没有调整的必要。学校上下对绩效管理的重视程度不够，直接导致绩效考核结果应用有限，这些都会直接影响教师绩效管理的效果。还有一个主要问题是绩效评价体系的问题。绩效评价体系搭建流程很关键。还有绩效结果应用的问题，结果很难应用落地。这些都是在学校进行绩效管理遇到的大挑战。

6. 问：你对绩效管理工具熟悉吗？你认为哪种比较适合教师绩效管理？

答：我们学校绩效管理一直在用的是年末的考核（德能勤绩廉）加教学方面的督导考核及学生评价。有些二级学院或者个别专业内部开始了自己的绩效评价，基本是成果导向，比如国家级、省级、市级不同等级成果对应不等奖励金额。我认为成果导向的绩效评价比较容易量化、且客观，但是他也会有缺陷，比如：过分追求成果，与成果无关的基础工作不关注等。

7. 问：就您所知，制定和修改学校的绩效管理制度一般由哪些人参加？

答：教师本人应该没机会参加制度的制定过程，有的学校为了体现全员参与、民主决策，也会邀请部分教师代表参与其中，提供建议或想法，我觉得这种方式比较可行，因为至少代表尊重，当然这种会对效率有一定的挑战。一般来说，学校制定或修改绩效管理制度，分管校领导、人事处领导和工作人员，还有像科研、教学、继续教育学院等职能部门都会参与。建议：学校层面制定绩效管理制度应该先来各个二级学院做内部调研。

8. 问：你觉得二级学院在教师绩效管理中的作用是什么？

答：二级学院首先是了解学校在某一阶段的总的发展战略目标，然后分解学校层面下达的绩效指标。另外，对教师的具体考核也应该放在各二级学院。

9. 问：你认为怎么给教师提明确的期望绩效标准比较好？你认为是否有必要根据专业制定不同的考核指标？

答：老师应该要有途径知道学院的年度发展目标，然后根据自身的专长结合学院的发展方向来确定自己的努力方向，制定自己的年度绩效目标。同时学院的领导团队应该整合资源、搭建平台来归类绩效目标和任务，年初盘点确定年度目标的：难度等级、目标类别、目标数量、责任团队或者责任人。

关于分专业制定不同考核指标，不需要。因为不同专业的建设工作是大体一致的，绩效指标都是围绕三教改革、学生成长、社会服务、科研等方面来制定。

10. 问：你认为高职教师绩效指标应该在哪方面加大权重？

答：高职教育注重人才培养与岗位的对接，注重师资、学生服务区域经济的能力。因此应该在学生成长（职业技能竞赛、双创比赛、就业率、就业质量等）、师资发展（社会服务能力、教师能力竞赛、校企合作等）两大方面加大权重。

11. 问：你认为绩效反馈重要吗？反馈的难度在哪？反馈要怎样进行对教师才有意义？

答：绩效反馈很重要。绩效管理过程中，管理者应该重视和老师们的沟通，待改进的和表现优秀的方面都要及时反馈，这样老师们才能知道调整和坚持的方向。反馈的难度在于：沟通的效率、管理者的时间精力、反馈前期的准备、后续的监督跟进等。比如：学院坚持做集中反馈这件事情，但是收效不明显，原因在于：反馈时多数老师会站在个人角度看问题，不大接受低绩效产生的客观事实，另外加上领导后续的监督跟进机制未形成。

12. 问：学校办事程序是否高效？是否能够避免不必要的步骤和无用的行动？贵校如果程序高效，能否举例介绍一下？如果存在问题，一般是哪些方面不合理，需要完善程序？

答：我们学校办事程序整体还可以。同事们吐槽最多的部门之一是财务处，会出现报销凭证未准备齐全等一系列问题。办公自动化这一块目前建设还比较顺畅。

13. 问：绩效考核结果的运用方面，学校是怎么激励的？

答：目前绩效考核和年度考核挂钩，但也不大明显，有时年度考核也会存在轮着来的情况。同时教学评价考核这一块，会和职称评审有一定关系。

14. 问：除了这些大家看得见的奖励，还有没有隐形的鼓励？比如晋升、培养或是更多的信任等。

答：选拔干部过程中还是很注重个人过往的绩效的，当然这个绩效衡量没有明确的标准，很多时候也靠领导的判断。所以隐形鼓励还是存在的。

15. 问：对绩效考核结果不好的，有惩罚措施吗？

答：惩罚措施比较少见，除非真的是触犯了内部规章制度甚至是触犯了某些管理条例等。我们学校目前以激励为主。绩效考核不合格的现象很少。

16. 问：你觉得学校管理者和二级学院管理者有必要接受绩效管理的培训吗？

答：学校管理者和二级学院管理者首先要确定适用本环境的绩效文化，这点很重要。有的学校强调主观能动性，是假定老师群体具备"干事创业"的内驱力；有的学校强调成果导向，认为老师也是必须要"物质刺激"的。所以管理者首先要有对绩效文化的正确把握，这些都是靠方法来确立的，另外教师绩效管理的推进和实施，需要管理者掌握一定的绩效管理知识和工具，这些都需要接受培训。

17. **问**：你觉得高职院校教师绩效管理中还有哪些值得改进和注意的地方？

答：绩效管理是个大的系统工程。绩效文化决定了组织的绩效管理理念，绩效体系的搭建一定要有健全的机构、有符合 SMART 原则的指标、有目标设定到结果应用的绩效管理路径等。这些都是值得的注意的地方，举个例子：一堆指标考核打分，结果大家分数都在 90 分以上，没差别，怎么能应用呢？我们需要反思：这个现象是真的反映大家都特别优秀，不存在不同表现等级；还是大家觉得这根本打不出什么等级差异来呢？或者大家认为即使打出来等级差异，又有何用？

附录三 教师绩效管理表

绩效管理表1

（二级学院管理者用）

被评估人姓名：＿＿＿＿＿＿＿＿＿＿＿＿＿＿＿＿

部　　　门：＿＿＿＿＿＿＿＿＿＿＿＿＿＿＿＿

职　　　称：＿＿＿＿＿＿＿＿＿＿＿＿＿＿＿＿

职　　　务：＿＿＿＿＿＿＿＿＿＿＿＿＿＿＿＿

考 核 人 姓 名：＿＿＿＿＿＿＿＿＿＿＿＿＿＿＿＿

审 阅 人 姓 名：＿＿＿＿＿＿＿＿＿＿＿＿＿＿＿＿

评 估 日 期：从＿＿＿＿＿＿到＿＿＿＿＿＿

年　　月　　日

第一部分：二级学院平衡计分卡及被评估人评分

评估目标类别	目标	评价指标	权重系数	评分标准					实际评分
				优异 (5~4.6)	良好 (4.5~3.6)	中等 (3.5~2.6)	欠佳 (2.5~1.6)	较差 (1.5~0.5)	
财务类									
客户类									
流程类									
学习与发展类									
总体得分									

评分标准等级描述：

优异（5~4.6）：表现出类拔萃，主动且高效，一贯高质量地完成工作，经常地超出岗位应有职责或被委派的任务要求，具备突出的个人表现。

良好（4.5~3.6）：高质量的工作表现，一贯地达到岗位应有职责或被委派的任务要求，不时超出期望的标准，部分个人表现超出岗位所需要。

中等（3.5~2.6）：达到标准的工作质量，完成岗位应有职责或被委派的任务，具备所需的个人表现。

欠佳（2.5~1.6）：工作质量有时达到标准，需努力改善表现达到岗位职责或被委派任务所需要求，具备部分个人表现。或者，该员工与其他同级人员平均表现相比在有些方面没有达到要求。

较差（1.5~0.5）：由于员工的个人能力或努力不够而在整体上持续性地未达到岗位表现要求标准。或者，该员工的表现在整体上持续性地落后于其他同级人员的平均表现要求。

注：

1. 学校分管领导与二级学院负责人在上年末就二级学院平衡计分卡有关内容充分沟通，依据学校发展战略及年度目标确定二级学院BSC，并签名确认；

2. 在日常工作中，二级学院负责人应与分管校领导保持主动性沟通，分管校领导应对二级学院负责人遇到的问题给予帮助和解决；

3. 二级学院管理层副职应与二级学院负责人保持主动沟通，二级学院负责人应对管理层其他成员遇到的问题给予帮助和解决；

4. 年末实际评分由组织人事部门协助完成，总体得分为∑各项指标分值×权重系数；

5. 考核人应结合被评估对象各项指标的客观完成情况，给予被评估人相应的考核评分。

被评估人签名：_____   考核人签名：_____   日期：_____

第二部分：考核人对被考核对象的综合评价及评定考核等级

综合评价	考核等级

第三部分：被评估人意见

_____
_____
_____
_____

第四部分：审阅人意见

_____
_____
_____
_____

被评估人签名：_____ 日期：_____
考核人签名：_____   日期：_____
审阅人签名：_____   日期：_____

用表简要说明：
- 在年底被评估人与考核人就二级学院 BSC 完成情况进行沟通；
- 征求被评估人对第一部分评分的意见；
- 就被评估人提出的问题进行解释；
- 就被评估人未来发展提出具体、有针对性的建议；
- 考核人在面谈后填写综合评价并评定考核等级；
- 必要时请求审阅人参与沟通；
- 被评估人、考核人及审阅人对最后评定结果须签字确认；
- 报组织人事部门存档。

示例：以主管科研、社会服务、教师培养等具体工作的副院长为例，填写这份表单如下。

评估目标类别	目标	评价指标	权重系数	评分标准 优异 (5~4.6)	良好 (4.5~3.6)	中等 (3.5~2.6)	欠佳 (2.5~1.6)	较差 (1.5~0.5)	实际评分
财务类	1. 社会服务&社会培训金额 2. 科研经费 3. 社会培训人次	1. 年度社会服务&培训经费达×万元 2. 年度科研经费×万元 3. 年度社会培训×人次	20% 20% 10%	5	4	3			$5 \times 20\% + 3 \times 20\% + 4 \times 10\% = 2$
客户类									
流程类	1. 各级别科研申报规范 2. 高潜人才计划	1. 近2年部、省、市各级别文科类科研项目申报规范合集1本 2. 年度开发1套高潜人才培养方案，在×专业试运行	10% 15%	5	4				$5 \times 10\% + 4 \times 15\% = 1.1$
学习与发展类	1. 师资培训落地转化 2. 年度1+X证书平台搭建	1. 年度开发2项落地师资培训项目 2. 年度建成两个1+X证书平台	10% 15%		4	3			$4 \times 10\% + 3 \times 15\% = 0.85$
总体得分									3.95

对照等级描述，二级学院该管理者的评定等级为良好。

绩效管理表 2

（专业负责人用）

被评估人姓名：＿＿＿＿＿＿＿＿＿＿＿＿＿＿＿＿

部　　　　门：＿＿＿＿＿＿＿＿＿＿＿＿＿＿＿＿

职　　　　称：＿＿＿＿＿＿＿＿＿＿＿＿＿＿＿＿

职　　　　务：＿＿＿＿＿＿＿＿＿＿＿＿＿＿＿＿

考核人姓名：＿＿＿＿＿＿＿＿＿＿＿＿＿＿＿＿

审阅人姓名：＿＿＿＿＿＿＿＿＿＿＿＿＿＿＿＿

评估日期：从＿＿＿＿＿＿到＿＿＿＿＿＿

年　　月　　日

第一部分：专业平衡计分卡及被评估人评分

评估目标类别	目标	评价指标	权重系数	评分标准					实际评分
				优异(5~4.6)	良好(4.5~3.6)	中等(3.5~2.6)	欠佳(2.5~1.6)	较差(1.5~0.5)	
财务类									
客户类									
流程类									
学习与发展类									
总体得分									

评分标准等级描述：

优异（5~4.6）：表现出类拔萃，主动且高效，一贯高质量地完成工作，经常地超出岗位应有职责或被委派的任务要求，具备突出的个人表现。

良好（4.5~3.6）：高质量的工作表现，一贯地达到岗位应有职责或被委派的任务要求，不时超出期望的标准，部分个人表现超出岗位所需要。

中等（3.5~2.6）：达到标准的工作质量，完成岗位应有职责或被委派的任务，具备所需的个人表现。

欠佳（2.5~1.6）：工作质量有时达到标准，需努力改善表现达到岗位职责或被委派任务所需要求，具备部分个人表现。或者，该员工与其他同级人员平均表现相比在有些方面没有达到要求。

较差（1.5~0.5）：由于员工的个人能力或努力不够而在整体上持续性地未达到岗位表现要求标准。或者，该员工的表现在整体上持续性地落后于其他同级人员的平均表现要求。

注：1. 二级学院联席会与专业负责人在上年末就专业平衡计分卡有关内容充分沟通，依据学校发展战略、年度目标及二级学院 BSC 确定专业 BSC，并签名确认；

2. 在日常工作中专业负责人应与各二级学院管理者保持主动性沟通，各二级学院管理者应对专业负责人遇到的问题给予帮助和解决；

3. 年末实际评分由二级学院党政办协助完成，总体得分为∑各项指标分值×权重系数；

4. 考核人应结合对被评估对象各项指标的客观完成情况及二级学院总体考核等级分布，给予被评估人相应的考核评分。

被评估人签名：_____ 考核人签名：_____ 日期：_____

第二部分：考核人对被考核对象的综合评价及评定考核等级

综合评价	考核等级

第三部分：被评估人意见

_____
_____
_____
_____

第四部分：审阅人意见

_____
_____
_____
_____

被评估人签名：_____ 日期：_____
考核人签名：_____ 日期：_____
审阅人签名：_____ 日期：_____

用表简要说明：
- 在年底被评估人与考核人就二级学院 BSC 完成情况进行沟通；
- 征求被评估人对第一部分评分的意见；
- 就被评估人提出的问题进行解释；
- 就被评估人未来发展提出具体、有针对性的建议；
- 考核人在面谈后填写综合评价并评定考核等级；
- 必要时请求审阅人参与沟通；
- 被评估人、考核人及审阅人对最后评定结果须签字确认；
- 报组织人事部门存档。

绩 效 管 理 表 3

（骨干教师用）

被评估人姓名：_____

专　　　　业：_____

职　　　　称：_____

职　　　　务：_____

考 核 人 姓 名：_____

审 阅 人 姓 名：_____

评 估 日 期：从_____到_____

年　　月　　日

第一部分：骨干教师 OKR 与完成结果（O—目标，KRs—关键成果指标）

序号	专业 BSC 中与该教师相关的 O	沟通达成一致的 KRs	完成结果描述
1			
2			
3			
4			

注：1. 专业负责人在年末应根据确定的专业 BSC 与各骨干教师沟通其第二年的 OKR，并于确定后签名；

2. 在日常工作中各骨干教师应与专业负责人保持主动性沟通，专业负责人应对其遇到的问题给予帮助和解决；

3. 专业负责人填写完成结果描述，并以此完成第二部分对该骨干教师的评分。

被评估人签名：_____　专业负责人签名：_____　日期：_____

第二部分：评估标准表

评分要素	权重系数	评分标准					实际评分
		5	4	3	2	1	
计划完成	30%	超额或提前完成原计划	按时完成原定计划	完成原定计划 80%~99%	完成原定计划 60%~79%	完成原定计划 60% 以下	
工作质量	30%	工作质量完全满足甚至超过岗位要求	工作质量满足岗位要求	工作质量基本满足岗位要求	工作质量较难满足岗位要求	工作质量不能满足岗位要求	
工作责任感	20%	工作认真负责，一丝不苟	工作认真负责，无须督促	工作认真程度满足岗位要求	工作懈怠、被动	推诿责任，工作不力	

续上表

评分要素	权重系数	评分标准 5	4	3	2	1	实际评分
解决问题	10%	常常能结合工作任务找到解决问题的创新方法并取得成功	有时能结合工作任务找到解决问题的创新方法并经常取得成功	具备解决工作中常见问题的能力	解决问题能力较难满足岗位要求	解决问题能力不能满足岗位要求	
团结合作	10%	主动与他人或团队沟通与合作,协调相融,运用团队力量完成工作	能主动与他人或团队沟通与合作,运用团队力量完成工作	体现岗位所需之团队工作精神	尚能与他人合作	拒绝合作,很难相处	
专业负责人签字				总计分 ∑(分项分数×权重)			
其他要说明的问题							
其他扣分 (此项由专业负责人填写)							

注:根据以上评分,结合学校总体考核等级分布,给予被评估人以下相应的考核等级。

考核等级	参考评分/分	等级描述
优异	5～4.6	表现出类拔萃，主动且高效，一贯高质量地完成工作，经常地超出岗位应有职责或被委派的任务要求，具备突出的个人表现
良好	4.5～3.6	高质量的工作表现，一贯地达到岗位应有职责或被委派的任务要求，不时超出期望的标准，部分个人表现超出岗位所需要
中等	3.5～2.6	达到标准的工作质量，完成岗位应有职责或被委派的任务，具备所需的个人表现
欠佳	2.5～1.6	工作质量有时达到标准，需努力改善表现达到岗位职责或被委派任务所需要求，具备部分个人表现。或者，该员工与其他同级人员平均表现相比在有些方面没有达到要求
较差	1.5～0.5	由于员工的个人能力或努力不够而在整体上持续性地未达到岗位表现要求标准。或者，该员工的表现在整体上持续性地落后于其他同级人员的平均表现要求

综合评价	考核等级

第三部分：考核人对被评估人的综合评价及评定考核等级

第四部分：被评估人意见

_____
_____
_____
_____
_____

第五部分：审阅人意见

_____
_____
_____
_____
_____
_____
_____

被评估人签名：_____ 日期：_____
考核人签名：_____ 日期：_____
审阅人签名：_____ 日期：_____

用表简要说明：
- 在年底双方就该骨干教师 OKR 完成情况进行沟通；
- 征求被评估人对第二部分评分的意见；
- 就被评估人提出的问题进行解释；
- 就被评估人未来发展提出具体、有针对性的建议；
- 考核人在面谈后填写综合评价并评定考核等级；
- 必要时请求审核人参与沟通；
- 被评估人、考核人及审阅人对最后评定结果须签字确认；
- 报组织人事部门存档。

示例：以某专业其中一名骨干教师为例，填写这份表单如下。

序号	专业 BSC 中与该教师相关的 O	沟通达成一致的 KRs	完成结果描述
1	省级课题	年度内成功申报省级课题1项	申报书已提交，暂未有结果
2	支持专业建设，开展专业毕业生质量跟踪工作	年度完成调研报告（近3届毕业生）	问卷已调查，报告未完善
3	支持学生工作，全院范围内开展读书分享会	年度完成10场分享会，覆盖人才达500人	已完成
4	深度对接×企业	年度形成1万字校企合作案例	已完成

评分要素	权重系数	评分标准					实际评分
		5	4	3	2	1	
计划完成	30%	超额或提前完成原计划	按时完成原定计划	完成原定计划80%~99%	完成原定计划60%~79%	完成原定计划60%以下	3
工作质量	30%	工作质量完全满足甚至超过岗位要求	工作质量满足岗位要求	工作质量基本满足岗位要求	工作质量较难满足岗位要求	工作质量不能满足岗位要求	4
工作责任感	20%	工作认真负责，一丝不苟	工作认真负责，无须督促	工作认真程度满足岗位要求	工作懈怠、被动	推诿责任，工作不力	4
解决问题	10%	常常能结合工作任务找到解决问题的创新方法并取得成功	有时能结合工作任务找到解决问题的创新方法并经常取得成功	具备解决工作中常见问题的能力	解决问题能力较难满足岗位要求	解决问题能力不能满足岗位要求	3

续上表

评分要素	权重系数	评分标准					实际评分
		5	4	3	2	1	
团结合作	10%	主动与他人或团队沟通与合作，协调相融，运用团队力量完成工作	能主动与他人或团队沟通与合作，运用团队力量完成工作	体现岗位所需之团队工作精神	尚能与他人合作	拒绝合作，很难相处	2
专业负责人签字				总计分 ∑（分项分数×权重）			3×30% + 4×30% + 4×20% + 3×10% + 2×10% = 3.4
其他要说明的问题							
其他扣分（此项由专业负责人填写）							

对照等级描述，该骨干教师的评定等级为中等。

绩 效 管 理 表 4

（新进教师用）

被评估人姓名：_____

专　　　　业：_____

职　　　　称：_____

职　　　　务：_____

考 核 人 姓 名：_____

审 阅 人 姓 名：_____

评 估 日 期：从_____到_____

年　　　月　　　日

第一部分：新进教师岗位相关标准与完成结果

序号	新进教师岗位相关标准对应的基本指标	完成结果描述
1		
2		
3		
4		

注：1. 专业负责人在年末应根据教师岗位的相关标准与新进教师沟通其第二年需完成的基本指标，并于确定后签名；

2. 在日常工作中新进教师应与专业负责人保持主动性沟通，专业负责人应对其遇到的问题给予帮助和解决；

3. 专业负责人填写完成结果描述，并以此完成第二部分对新进教师的评分。

被评估人签名：_____ 专业负责人签名：_____ 日期：_____

第二部分：评估标准表

评分要素	权重系数	评分标准					实际评分
		5	4	3	2	1	
计划完成	30%	超额或提前完成原计划	按时完成原定计划	完成原定计划80%~99%	完成原定计划60%~79%	完成原定计划60%以下	
工作质量	30%	工作质量完全满足甚至超过岗位要求	工作质量满足岗位要求	工作质量基本满足岗位要求	工作质量较难满足岗位要求	工作质量不能满足岗位要求	
工作责任感	20%	工作认真负责，一丝不苟	工作认真负责，无须督促	工作认真程度满足岗位要求	工作懈怠、被动	推诿责任，工作不力	
解决问题	10%	常常能结合工作任务找到解决问题的创新方法并取得成功	有时能结合工作任务找到解决问题的创新方法并经常取得成功	具备解决工作中常见问题的能力	解决问题能力较难满足岗位要求	解决问题能力不能满足岗位要求	

评分要素	权重系数	评分标准					实际评分
		5	4	3	2	1	
团结合作	10%	主动与他人或团队沟通与合作，协调相融，运用团队力量完成工作	能主动与他人或团队沟通与合作，运用团队力量完成工作	体现岗位所需之团队工作精神	尚能与他人合作	拒绝合作，很难相处	
专业负责人签字				总计分 ∑（分项分数×权重）			
其他要说明的问题							
其他扣分（此项由专业负责人填写）							

注：根据以上评分，结合学校总体考核等级分布，给予被评估人以下相应的考核等级

考核等级	参考评分	等级描述
优异	5~4.6	表现出类拔萃，主动且高效，一贯高质量地完成工作，经常地超出岗位应有职责或被委派的任务要求，具备突出的个人表现
良好	4.5~3.6	高质量的工作表现，一贯地达到岗位应有职责或被委派的任务要求，不时超出期望的标准，部分个人表现超出岗位所需要
中等	3.5~2.6	达到标准的工作质量，完成岗位应有职责或被委派的任务，具备所需的个人表现
欠佳	2.5~1.6	工作质量有时达到标准，需努力改善表现达到岗位职责或被委派任务所需要求，具备部分个人表现。或者，该员工与其他同级人员平均表现相比在有些方面没有达到要求
较差	1.5~0.5	由于员工的个人能力或努力不够而在整体上持续性地未达到岗位表现要求标准。或者，该员工的表现在整体上持续性地落后于其他同级人员的平均表现要求

第三部分：考核人对被评估人的综合评价及评定考核等级

综合评价	考核等级

第四部分：被评估人意见

_____
_____
_____
_____

第五部分：审阅人意见

_____
_____
_____
_____

被评估人签名：_____　日期：_____
考核人签名：_____　日期：_____
审阅人签名：_____　日期：_____

用表简要说明：
- 在年底双方就新进教师岗位相关标准确定的基本指标完成情况进行沟通；
  - 征求被评估人对第二部分评分的意见；
  - 就被评估人提出的问题进行解释；
  - 就被评估人未来发展提出具体、有针对性的建议；
  - 考核人在面谈后填写综合评价并评定考核等级；
  - 必要时请求审核人参与沟通；
  - 被评估人、考核人及审阅人对最后评定结果须签字确认；
  - 报组人事部门存档。

参考文献

[1] 童丽. 高职院校教师绩效管理水平提升行动研究 [J]. 教育与职业, 2016 (2): 66-69.

[2] 袁雷. 协同管理视角下高职院校教师绩效考核的实践与探索: 基于平衡记分卡理论的分析 [J]. 中国职业技术教育, 2018 (15): 16-20.

[3] 全国教育科学规划领导小组办公室. "高等职业技术院校绩效管理模式研究"成果公报 [J]. 当代教育论坛, 2008 (2): 5-7.

[4] 周春光, 党耀国, 叶莉, 等. 基于改进灰色关联分析模型的高职院校"双师型"教师绩效评价: 以江苏旅游职业学院为例 [J]. 职业技术教育, 2020 (3): 18-24.

[5] 胡碧玉, 尹特进, 宋小军. 高职院校绩效工资中激励机制运用探讨 [J]. 教育财会研究, 2014 (6): 26-31.

[6] 冯志明. 积分制管理: 高职院校教师绩效评价改革的探索与实践 [J]. 职业技术教育, 2018 (2): 63-67.

[7] 世界500强名企的 KPI 绩效管理操作手册 (精华版).

[8] 张卫璇. 基于平衡计分卡的火电生产企业绩效管理体系研究 [D]. 成都: 西南交通大学, 2014.

[9] 谭振东. 企业中层管理人员的分类绩效考核 [D]. 青岛: 中国海洋大学, 2016.

[10] 25种全球最流行的管理工具之平衡计分卡 [EB/OL]. (2012-01-24) [2021-10-31]. https://www.doc88.com/p-730475313481.html.

[11] 平衡计分卡在企业绩效管理中的问题研究 [EB/OL]. (2013-04-12) [2021-10-30]. https://www.doc88.com/p-7902905205873.html?r-1.

［12］邹玮，张巧良．重新审视平衡计分卡：平衡计分卡研究与应用的文献回顾［J］．商场现代化，2018．

［13］王珊．360度绩效评估在高校绩效管理中的应用［J］．重庆职业技术学院学报，2012．

［14］应姿．培训学校教师绩效考评的探讨［J］．胜利油田职工大学学报，2017．